# 从零开始读懂哲学

一本结合了趣味性和理论深度的小书

董玉知 著

化学工业出版社
·北京·

**图书在版编目（CIP）数据**

从零开始读懂哲学 / 董玉知著. -- 北京 ：化学工业出版社，2025. 9. -- ISBN 978-7-122-48653-0

Ⅰ. B-49

中国国家版本馆CIP数据核字第2025RM8187号

责任编辑：葛亚丽　　　　装帧设计：王　婧

责任校对：田睿涵

出版发行：化学工业出版社

（北京市东城区青年湖南街13号　邮政编码100011）

印　　装：三河市双峰印刷装订有限公司

880mm×1230mm　1/32　印张8　字数151千字

2025年10月北京第1版第1次印刷

购书咨询：010-64518888　　　　售后服务：010-64518899

网　　址：http://www.cip.com.cn

凡购买本书，如有缺损质量问题，本社销售中心负责调换。

定　　价：48.00元

# 序　言

自 2020 年起，我开始在网上写一些哲学普及类的文章。令我意外且惊喜的是，这些文章受到了许多读者的喜爱，大家纷纷在评论中分享对哲学的看法。这让我意识到，除了大学生之外，仍有许多人对哲学充满兴趣。这一发现进一步点燃了我对做哲学普及的热情。

当然，哲学普及并非易事。首先，哲学对许多人来说似乎是晦涩抽象的代名词。我从本科开始学习哲学，至今还记得每当向别人介绍自己的专业时，对方总是带着一脸问号的表情问："哲学到底是学什么的？"

可见，哲学作为一门学科是如此小众，许多人甚至缺乏对它的基本了解。其次，哲学普及要求作者不仅要完全消化和吸收专业知识，还要像费曼那样，用通俗易懂的语言让上至 80 岁、下至 8 岁的读者都能理解。这不是一件容易的事，既要求作者具有高度的专业性，也要求作者能“活泼”地讲述艰深的理论。作为一名即将毕业的哲学博士生，做这件事已经是“斗胆”了，但既然决定做了，就必须把它做好。在通俗易懂的同时，保持哲学的严谨性和准确性，这是本书极力追求的。

首先要说明的是，这不是一本哲学教科书。在开始写作之前，我一直在思考一个问题：对于大众来说，哲学意味着什么？是高深艰涩的理论？是所谓的“玄学”？是无用的东西？还是一些高大上的“人生道理”？

遗憾的是，很多人对哲学的认知往往停留在这些词汇上，其中，“哲学无用论”成了人们最爱贴在哲学上的标签。当然，证明哲学有用并非本书的目的，尽管市面上有些哲学普及书确实为此而写，并且成功展示了哲学并非一无是处。例如我在本科期间读过的阿兰·德波顿的《哲学的慰藉》，他通过苏格拉底、伊壁鸠鲁、塞内加、蒙田、叔本华和尼采的人生故事，试图告诉我们：哲学能带给人们安慰。

然而，哲学的作用仅限于此吗？论讲故事和创意，没有比乔斯坦·贾德的《苏菲的世界》更成功的哲学普及书了，这本书将哲学理论巧妙地融入小说情节。然而，或许是时代的局限，书中的哲学讨论停留在20世纪以前。比《苏菲的世界》稍显严肃的优秀哲学普及书，我认为是罗伯特·所罗门的《大问题》和小西奥多·希克与刘易斯·沃恩合著的《做哲学：88个思想实验中的哲学导论》。

后者的重点是训练读者的思辨能力。然而，对于零基础的读者来说，这两本书可能仍然显得过于严肃了。

这本《从零开始读懂哲学》专为那些哲学基础为零，但真正渴望了解哲学的读者而写。本书的重点是哲学理论，而不是哲学家的生平故事或名言警句。理论才是哲学的本质和核心，概念就像一片片树叶，只有放在理论这棵大树的整体框架下才能被真正理解。因此，本书采用了“文字 + 漫画”的形式，以主题为单位，选取二十五位经典哲学家，并从每位哲学家最具代表性的理论出发，进行重点讲解。

书中的语言风格具有故事性，深入浅出地讲解理论，着重关注理论的内在逻辑结构，而不是零散地拼凑哲学内容。每一章遵循“人物简介 + 概念解释 + 理论讲解 + 经典语录”的结构，其中理论讲解是核心部分。每一部分都可以独立阅读，不影响对其他章节的理解。漫画的形式则增加了阅读的趣味性，使读者能够更直观地感受哲学家的风采，同时所有漫画内容都严格依据历史事实进行创作，在增加趣味性的同时也保证了内容的真实性。

本书的野心不只在于满足读者的好奇心，更希望让读者从中获得启发，将所学的知识运用到生活中，从而过得更好。我始终坚信，哲学与生活密不可分。学哲学的目的在于更好地生活，正如两千多年前的第一批哲学家所理解的那样：哲学的目的是让人活得幸福。是生活赋予了哲学活力，正如德国作家歌德提醒我们的那样：

“理论是灰色的，而生命之树常青。”与其说哲学是一项技能，不如说它更像是一种理性思维的训练。我希望这本书能为读者带来一场沉浸式的认知之旅，不仅能在思考中找到乐趣，更能在生活中找到实践哲学的意义。

大家好，我是湖底的海因斯，请跟我一起，开启你的哲学启蒙之旅吧。

# 目　录

## 第一篇　生存与死亡


第一章　苏格拉底：认识你自己 / 003

第二章　笛卡尔：我思故我在 / 017

第三章　萨特：存在先于本质 / 028

第四章　海德格尔：向死而生 / 041

第五章　尼采：那些没能杀死我的，使我更坚强 / 052


## 第二篇　幸福与痛苦


第六章　亚里士多德：卓越不是一种行为，而是一种习惯 / 067

第七章　休谟：理性是激情的奴隶 / 077

第八章　康德：自律即自由 / 087

第九章　叔本华：人生就像钟摆一样，在痛苦和无聊之间左右摇摆 / 098

第十章　密尔："宁做痛苦的苏格拉底，也不做快乐的猪。" / 109


## 第三篇　国家与个体


第十一章　柏拉图：国家是大写的人 / 121

第十二章　霍布斯：自然状态是一切人对一切人的战争状态 / 130

第十三章　洛克：政府没有其他目的，除了保护财产 / 138

第十四章　卢梭：人生而自由，却无往不在枷锁之中 / 147

第十五章　约翰·罗尔斯：正义即公平 / 157

## 第四篇　语言与意义

第十六章　罗素的摹状词理论：当今法国国王戴假发 / 167
第十七章　维特根斯坦：不存在私人语言 / 174
第十八章　普特南的孪生地球：意义并不是在脑海里面 / 181
第十九章　克里普克的因果指称理论：1968 年的美国总统是？ / 188
第二十章　刘易斯的模态实在论：可能世界和现实世界一样真实 / 196

## 第五篇　知识与逻辑

第二十一章　康德的先天综合命题：先天综合判断是可能的 / 205
第二十二章　蒯因对逻辑实证主义的批判：经验主义的两个教条 / 212
第二十三章　葛梯尔问题：知识是得到辩护的真信念吗 / 220
第二十四章　刘易斯·卡罗尔对演绎推理的质疑：阿喀琉斯与乌龟的第二次挑战 / 228
第二十五章　贝纳瑟拉夫识别问题：我们对于数学知识的理解无法同时与知识论和语义学框架相一致 / 235
第二十六章　尼尔森·古德曼的新归纳问题：什么是一个合理的归纳 / 242

# 第一篇

# 生存与死亡

比起“我们该怎么生活”，哲学家们更关心“我们怎样才能活得好”。活着和活得好并非同一回事。自古以来，生存与死亡始终紧密相连。莎士比亚在《哈姆雷特》中提出的经典问题——“生存还是毁灭，这是一个问题”，反映了人类对生命意义的永恒困惑。本篇将介绍苏格拉底、笛卡尔、萨特、海德格尔和尼采这五位哲学家对这一问题的独特思考，探讨他们对生存、死亡以及生命价值的见解，或许从中我们能够得到一些启发，帮助我们理解“活得好”究竟意味着什么。

# 第一章　苏格拉底：认识你自己

认识你自己。

——苏格拉底

## 苏格拉底其人

苏格拉底（Socrates，约公元前 470—公元前 399），古希腊哲学家。柏拉图是他的学生，亚里士多德是柏拉图的学生，三人并称为“希腊三贤”。苏格拉底本人没有留下著作，后人对他的认知主要来自他的学生柏拉图和同时代的剧作家阿里斯托芬的著作。

苏格拉底被认为是西方哲学的奠基者，因为他首次确立了哲学的精神——“求真和求知”，以及确立了哲学的方法：辩证法。苏格拉底当过兵，上过战场，曾在一场大瘟疫中幸存下来，并且在痊愈后返回瘟疫点救治病人。

苏格拉底自称是“雅典的牛虻”，他把雅典比作体型太大而行动迟缓的骏马，自己的任务就是不断叮咬骏马，使之保持清醒。他还把自己比作“助产士”，声称要做精神上的助产士，帮助别人自己产出思想，发现真理。

苏格拉底
柏拉图
亚里士多德
我们是希腊三“闲”，
没事就喜欢抬杠
我是“雅典的牛虻”
苏老师，您是?
牛虻(niú méng)!
我虽然没有留下传世之作，
但江湖上都是哥的教诲
苏格拉底
希腊哲学奠基者

## | 超时空采访 |

问题一

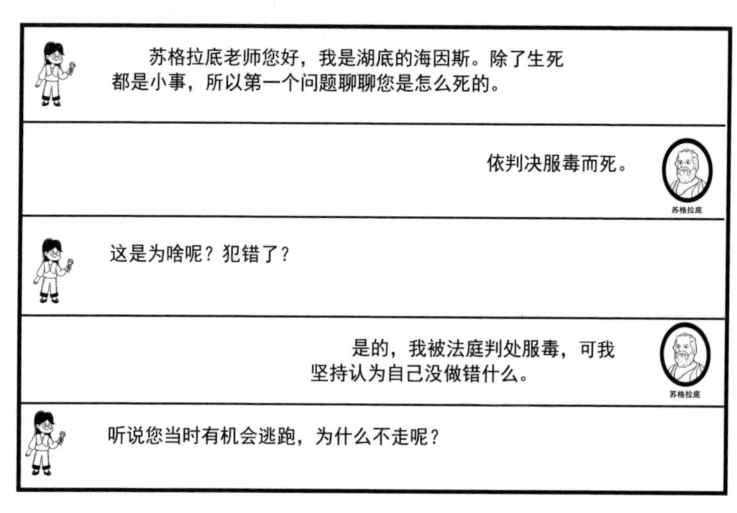
苏格拉底老师您好，我是湖底的海因斯。除了生死都是小事，所以第一个问题聊聊您是怎么死的。
依判决服毒而死。
苏格拉底
这是为啥呢？犯错了？
是的，我被法庭判处服毒，可我坚持认为自己没做错什么。
苏格拉底
听说您当时有机会逃跑，为什么不走呢？

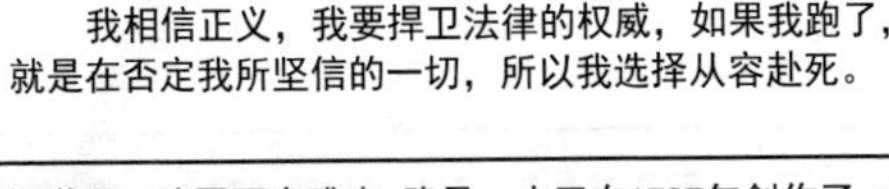

我相信正义，我要捍卫法律的权威，如果我跑了，
就是在否定我所坚信的一切，所以我选择从容赴死。

了不起！您知道吗，法国画家雅克-路易·大卫在1787年创作了一幅著名的油画《苏格拉底之死》，目前收藏于美国大都会博物馆，这可是传世名画，画中的您走得很平静。

这画值钱吗？

这画可老值钱了！

那就好，我很欣慰。

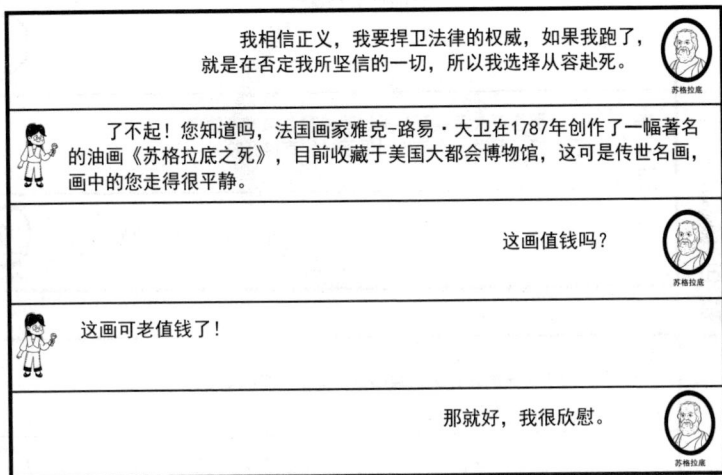

苏格拉底生活在古希腊雅典城邦时期，因为思想和行为与当时的政治环境产生了冲突，被雅典法庭指控犯有“侮辱雅典神”“引进新神”和“腐蚀青年思想”三项罪名，这些罪名在当时是极为严重的，足以导致死刑的判决。

尽管苏格拉底的学生和朋友们为他打通了所有关节，可以让他从狱中逃走，但他选择了坦然接受判决，并在狱中依判决服毒而死。这一选择体现了苏格拉底对法律和信仰的坚守，以及他对个人尊严和荣誉的尊重。

听说您有两任妻子，第二任妻子是年轻貌美
的赞西佩老师，据说年龄与您相差了40岁？

嗨，都是缘分。
苏格拉底

那您可太幸福了！不过听说赞西佩老师脾气
不太好，据说一次争论时说不过您直接开咬？

世上哪有圆满？
苏格拉底

问题二

对于今天的年轻人，在婚姻方面您有什么建议吗？

我认为无论如何，还是结婚好。若娶到了好妻子，你
会幸福；若娶到了坏妻子，你会成为跟我一样的哲学家。
苏格拉底

可是，赞西佩老师经常发飙，您是怎样忍受的？
据说有一次她气急败坏，直接将一桶水浇在您的头上。

呵呵，雷鸣之后，必有疾风骤雨。
苏格拉底

赞西佩（Xanthippe），又译詹蒂碧、桑提婆、香蒂琵。她比苏格拉底年轻20岁以上，有传闻称两人甚至相差40岁。赞西佩以暴脾气、爱唠叨闻名，在后世文化中逐渐被演绎为“悍妇”的代表。

然而，赞西佩与苏格拉底感情深厚，在丈夫贫困潦倒时始终不离不弃。当苏格拉底喝下毒药后，赞西佩一直陪伴在身边，并告诉他：“过不了多久，我就会去找你。”

## 认识你自己

古希腊德尔菲的阿波罗神庙的门楣上，刻着这样一句箴言——“认识你自己”。苏格拉底非常重视这句话，将其作为哲学的出发点。因为他经常使用这句话，“认识你自己”也被后来的人视作苏格拉底的名言。

“认识你自己”通常被解读为“提醒人们要有自知之明，了解自己的局限”。在作为神谕时，它强调的是对个人限度的清醒认识，警告人们不要妄图超越神明的力量。在古希腊，民众对神灵充满敬畏，苏格拉底被指控的罪名之一就是“不信城邦的神”。然而，苏格拉底为这句话赋予了新的意义，他认为自知是培养美德的基础。只有通过深入认识自己，才能发现并改进道德上的不足。我们常常以为自己了解自己，实则被外物和欲望扰乱内心，难以看清真正的自我。苏格拉底提醒我们，真正做到“认识你自己”并不容易。一旦缺乏自知，我们便无法实现真正的幸福。

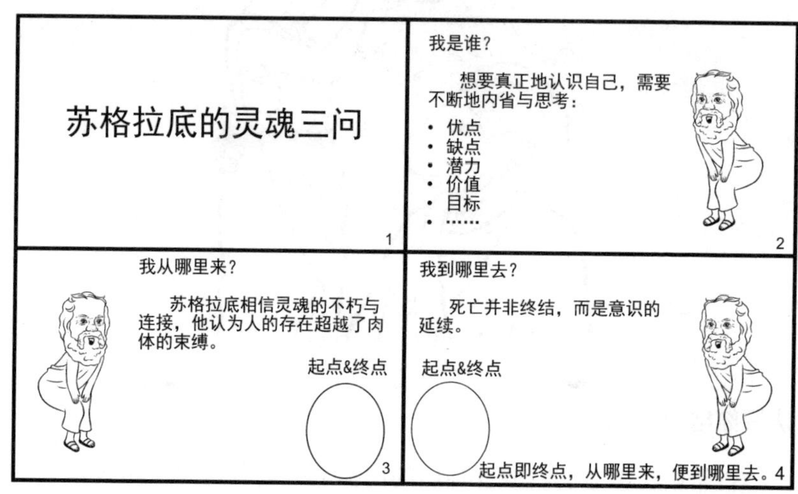

苏格拉底的灵魂三问
1
我是谁？
想要真正地认识自己，需要不断地内省与思考：
• 优点
• 缺点
• 潜力
• 价值
• 目标
• ……
2
我从哪里来？
苏格拉底相信灵魂的不朽与连接，他认为人的存在超越了肉体的束缚。
起点&终点
3
我到哪里去？
死亡并非终结，而是意识的延续。
起点&终点
起点即终点，从哪里来，便到哪里去。4


## 无知即罪恶

现在，试着想象你有幸搭乘时间机器，穿梭到了两千多年前的古希腊，让我们一起跟随苏格拉底，走一走他的哲学之旅。

德尔菲神庙遗址

开始的地方。

这一天，苏格拉底来到德尔菲神庙，想听听阿波罗的神谕。

在古希腊，来神庙拜神祈求是一件很稀松平常的事。德尔菲神庙的神谕很有名，因为它们出自阿波罗之口。阿波罗是太阳之神，同时是预言之神和真理之神，是奥林匹斯十二主神之一。苏格拉底是带着困惑来的，他想知道的是："雅典还有比自己更有智慧的人吗？"神谕回答他："没有。"苏格拉底更加困惑了。这怎么可能呢？因为他早发现很多人自称是有智慧的。

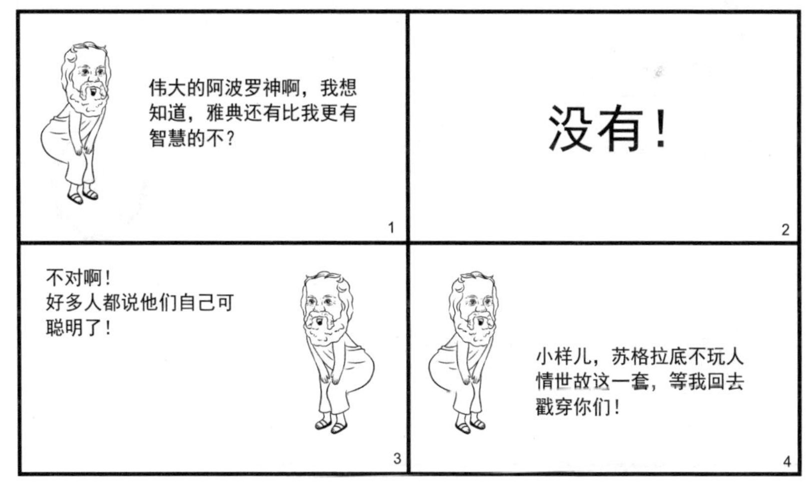


注：小样儿，东北方言，表示轻蔑的意思。

苏格拉底离开神庙回到雅典后，开始逢人便聊哲学。他特别喜欢和那些有智慧名声的，或者自称自己有智慧的大人物聊天。苏格拉底和人聊天时，经常抓住对方话里含糊和不准确的地方不断追问，直到“对方哑口无言，不得不承认自己其实并不知道自己在说什么”才肯放人走。

苏格拉底常说：“我只知道一件事，就是自己一无所知。”

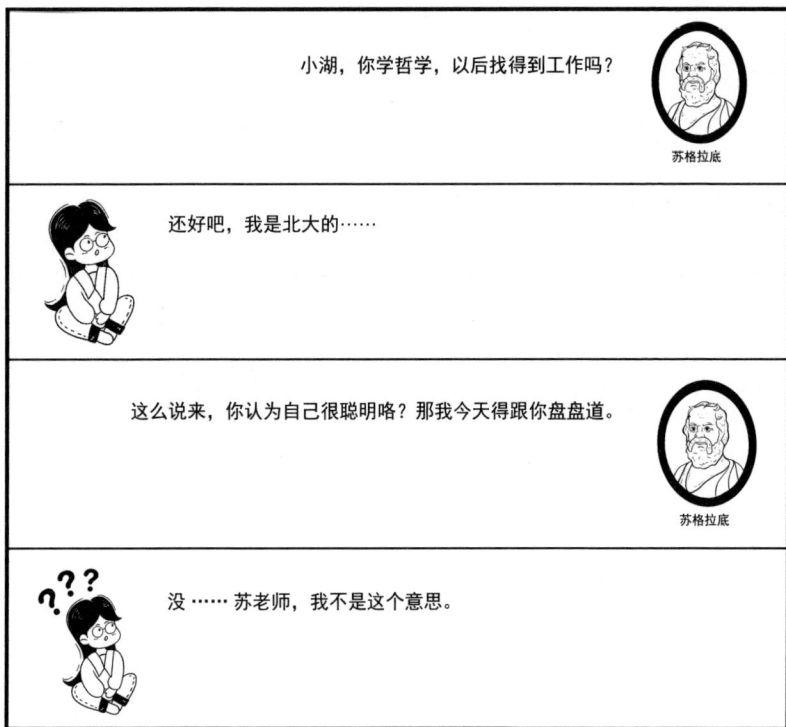

小湖，你学哲学，以后找得到工作吗？
苏格拉底

还好吧，我是北大的……

这么说来，你认为自己很聪明咯？那我今天得跟你盘盘道。
苏格拉底

没……苏老师，我不是这个意思。

正因为知道自己无知，苏格拉底才希望向有智慧的人学习。他也知道自己的说话方式让人不喜欢，但他还是坚持这么做。苏格拉底以“牛虻”自喻，他把雅典比作高大的骏马，因为体型太大而行

动迟缓，自己的任务就是不断叮咬这匹骏马，使之保持清醒。苏格拉底还把自己比作“助产士”，声称自己要做精神上的助产士，帮助人产出思想，引导人发现真理。

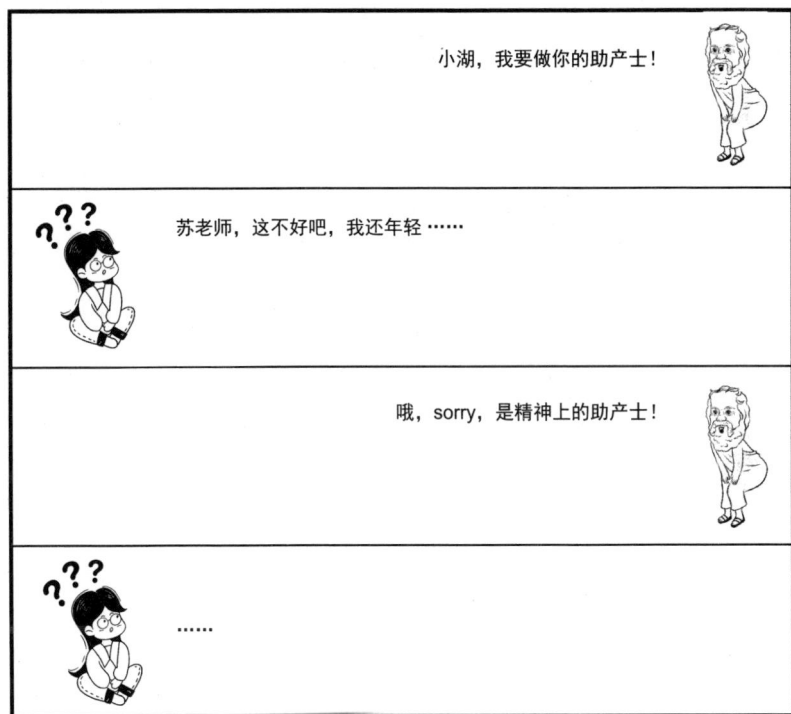

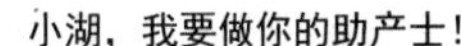

小湖，我要做你的助产士！

苏老师，这不好吧，我还年轻……

哦，sorry，是精神上的助产士！

苏格拉底经常质疑大众的常识，认为多数人认同的事情并不必然正确，反之亦然。例如，许多人相信那些做错事的人是明知故犯，认为他们清楚自己的行为是错误的。然而，苏格拉底对此提出了不同的看法。他认为，人不会在明知一件事是错误的情况下故意

去做。比如，一个小偷是否真的意识到偷窃是不道德的？或者他只是误以为偷窃能带来利益和满足？在苏格拉底看来，作恶往往源于无知，而不是故意。他认为，若人们真正理解某种行为是错误的，他们就不会去做，因为没有人会故意选择伤害自己或他人。这表明，对于苏格拉底来说，知识与道德是紧密相关的，只有真正理解什么是善，人才会选择善。

苏格拉底的观点认为，如果一个人明知某行为错误却依然去做，这只表明他实际上并不真正理解它的错误本质。他只是误以为这样做是对的，或认为这样能带来好处。因此，苏格拉底坚信，如果一个人真正知道偷窃是不道德的，他就不会去偷窃。若他去偷窃，只是因为他错误地认为这会对他有利，这反过来也证明他对“何为善、何为恶”缺乏真正的理解。

由此，苏格拉底提出了他的名言“无知即罪恶”。他发现，所有的罪恶和不道德行为都源于人的无知，即不知道真正的善为何物。人们之所以做出错误的决定，并不是因为他们刻意选择作恶，而是因为他们误解了什么是对的，误以为某些不道德的行为对自己有利。因此，在苏格拉底看来，知识与美德密不可分，真正懂得善的人，必定不会选择作恶。

如果一个人知道真正的善，那么他就会根据善的原则行事。真的是这样吗？不是很多人明知撒谎不对却还是撒谎吗？一个人偷吃了东西，别人问他有没有偷吃，他知道撒谎是不对的，但还是说没有偷吃。这种事情不是很常见吗？

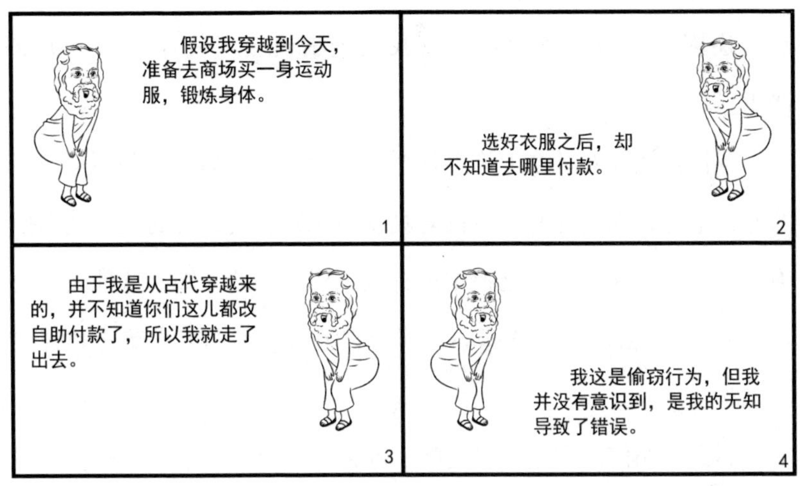

假设我穿越到今天，准备去商场买一身运动服，锻炼身体。
1
选好衣服之后，却不知道去哪里付款。
2
由于我是从古代穿越来的，并不知道你们这儿都改自助付款了，所以我就走了出去。
3
我这是偷窃行为，但我并没有意识到，是我的无知导致了错误。
4

苏格拉底会说："不，这人这么做，只是因为他不知道撒谎是不对的，他只是误以为说没有偷吃可以逃脱别人的指责和惩罚而已，因为如果他真的知道撒谎本身是错的，就不会撒谎。他撒谎只是出于无知，因为无人有意作恶。"

有人误解苏格拉底的观点，认为他是在为坏人和罪犯开脱。他们批评说："如果按照苏格拉底的理论，'无人有意作恶'，那么我杀了人，只需在法庭上辩解'我不知道这是错的'，就可以为自己的罪行开脱。"

然而，苏格拉底并不接受这种说法。他回应："如果你真的对‘杀人是错误的’一无所知，这只能证明你是一个无知的人，这并不能为你的行为提供任何辩护。更重要的是，明知自己无知却不去追求知识，而是为了私利继续作恶，这不仅是极大的罪恶，还因为你放弃了学习和自我改进的机会，使你的罪行更加严重。”

苏格拉底面对社会上许多作恶的人，感到最痛心的并不是他们的恶行本身，而是这些人不仅对真善美无知，更糟糕的是，他们拒绝承认自己的无知，甚至根本没有意识到自己的无知。这种无知的“无知”让苏格拉底倍感痛心，因为它阻碍了人们追求美德和智慧的道路。

那么，如何改变这一状况呢？苏格拉底提出，唯一的解决方法就是教育和自知。人们必须通过教育、哲学的探索以及自我反思，才能逐渐认识到自己的无知，并克服它。哲学对苏格拉底来说，就是一种持续的追问，帮助我们不断接近真理。通过这种自我反思的过程，人们才能认识到什么是善，什么是美，进而过上真正的好生活。

## 【苏格拉底经典语录】

（由于苏格拉底主要靠对话和讨论的方式传授他的思想，因此大部分语录都是来自后人的总结，其中最多的是来自他的弟子柏拉图的记录。）

1. “我唯一知道的就是我一无所知。”

——《对话录》（柏拉图记录）

2. “未经审视的生活是不值得过的。”

——《申辩篇》（柏拉图记录）

3. “美德即知识，恶行源于无知。”

——《斐多》（柏拉图记录）

4. “认识你自己。”

——《斐德罗》（柏拉图记录）

（虽然最早来源于德尔菲神庙的铭文，但苏格拉底经常引用这句话。）

5. “与其不公正地活着，不如正直地死去。”

——《申辩篇》（柏拉图记录）

6. “死亡或许是人生最大的福祉。”

——《申辩篇》（柏拉图记录）

7. “人类灵魂的最高职能是探求真理。”

——《斐多》（柏拉图记录）

8. “智慧的真正标志不是知识，而是想要获取知识的决心。”

——《申辩篇》（柏拉图记录）

9. “最难的事情不是逃避死亡，而是逃避恶行。”

——《申辩篇》（柏拉图记录）

10. “人与人之间也都同样天生就有不同，而且也都可以通过勤奋努力而得到很多改进。无论是天资比较聪明的人，还是天资比较愚钝的人，如果他们决心要得到值得称道的成就，就必须勤学苦练才行。”

——《回忆苏格拉底》（色诺芬记录）

# 第二章　笛卡尔：我思故我在

我思故我在。

——勒内·笛卡尔

## 笛卡尔其人

勒内·笛卡尔（René Descartes，1596—1650），法国哲学家、数学家和科学家。早年学习数学、物理和法律。数学领域著名的“笛

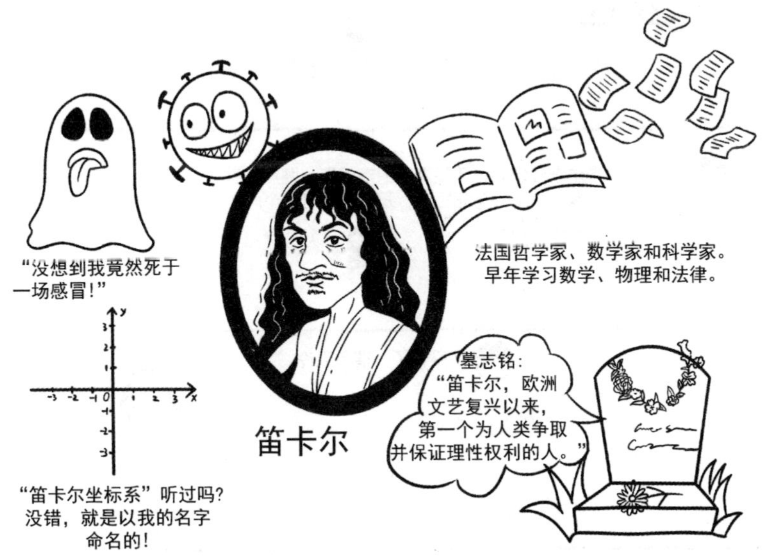

“没想到我竟然死于一场感冒!”
法国哲学家、数学家和科学家。早年学习数学、物理和法律。
笛卡尔
墓志铭：“笛卡尔，欧洲文艺复兴以来，第一个为人类争取并保证理性权利的人。”
“笛卡尔坐标系”听过吗?没错，就是以我的名字命名的!

卡尔坐标系”就是由他的名字命名的。笛卡尔的一生富于冒险和变化，经历过战争、旅行和流放。笛卡尔 30 岁以后开始研究哲学，53 岁成为瑞典女王的私人教师。笛卡尔的代表性思想有：“我思故我在”（《谈谈方法》），“人体是机器”（《论人》）。

## | 超时空采访 |

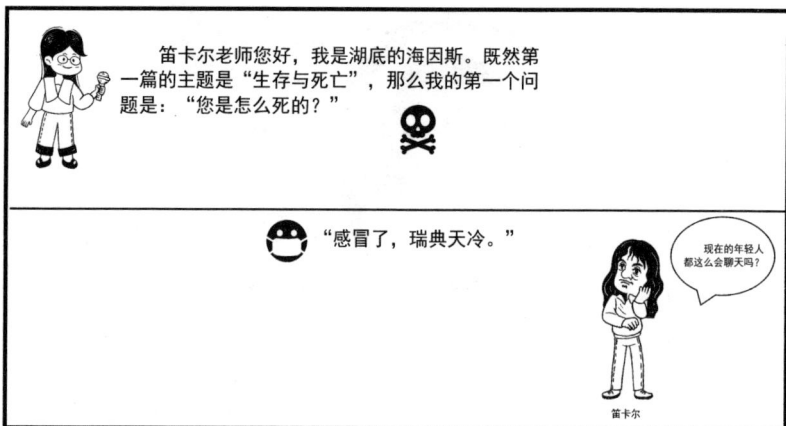

笛卡尔老师您好，我是湖底的海因斯。既然第一篇的主题是“生存与死亡”，那么我的第一个问题是：“您是怎么死的？”

“感冒了，瑞典天冷。”

笛卡尔是怎么死的？从来没有一位哲学家的死亡能够引起这么多的猜测。比如说，笛卡尔是被瑞典国王下令流放的，因为他对18岁的瑞典公主的暗中情愫被国王发现了，后来在流放途中死去；还有人说笛卡尔是死于公主的背叛，在狱中去世的。

总之，在各种各样的说法中，笛卡尔的死亡一直离不开一个人，那就是瑞典女王克里斯蒂娜。笛卡尔去斯德哥尔摩的时间是1649年，笛卡尔是1596年出生的，所以那个时候笛卡尔已经53岁了。而那个时候克里斯蒂娜24岁，已经是瑞典真正的女王，而非公主。而且那时她的父亲，也就是瑞典国王古斯塔夫·阿道夫二世已经去世了18年，所以故事终究是故事，不可当真的。

## 笛卡尔之死

那么现实中笛卡尔到底是怎么死的呢？其实笛卡尔的死因很自然，没有那么多阴谋诡计和爱恨情仇。他就是病死的。什么病呢？目前最可靠的说法是笛卡尔“死于肺炎”，在1650年2月去世，享年54岁。

除了笛卡尔的死因，另一件更加“神秘”的事情发生在他死后。传闻，笛卡尔死后被埋葬在斯德哥尔摩当地，后来遗骸又被运去巴黎。而在人们准备埋葬笛卡尔的遗骸时，却发现他的颅骨不见了。

这当然引起了人们的各种猜测。有猜测说是在移装遗骸过程中，因为棺木太短而不得不将其头骨装入另一棺木，运抵巴黎后没有将头骨还原。这种说法显然是比较荒唐的。

还有一种较可靠的说法则来自一位人类博物馆研究员菲利

普·麦纳西耶。根据他的调查，笛卡尔的头骨被盗后失落民间，几度转手，先后有十多个人在上面刻下自己的姓名，接着被赌场经营者收藏，最后在 1821 年由瑞典化学家雅各布·贝赫兹留斯买下，转赠给著名的法国动物学家乔治·居维叶保存。

如今，笛卡尔的颅骨收藏在巴黎人类博物馆，为该馆（七万四千件展品）的"镇馆之宝"。但是，巴黎人类博物馆现在收藏的这一件笛卡尔头骨，至今也无法确定其是否真的是笛卡尔的头骨。

## 普遍怀疑

普遍怀疑是笛卡尔推导出"我思故我在"的方法。普遍怀疑的意思就是怀疑一切，包括那些我们以为绝不可能出错的知识，比如

数学。笛卡尔正是用普遍怀疑的方式建立起他的第一性原理“我思故我在”的。

## 我思故我在

想象一下，你坐在你最喜欢的舒适角落，手握一杯茶，思考人生的重要问题。

现在，让我们聊一聊勒内·笛卡尔，他是 17 世纪早期的哲学巨星。笛卡尔喜欢质疑，从“天空为什么是蓝色的”到“为什么汉堡味道这么好”，他对一切都感到好奇。有一天，他决定彻底颠覆一切，怀疑自己所知道的一切。是的，一切！

笛卡尔开始了这场疯狂的智力之旅，带着一个大胆的使命：找到一些绝对确定的东西，无论他如何努力都无法怀疑的东西。然后，他开始质疑。“我看到的东西呢？我听到的呢？我能相信我的感官吗？”后来他想，“等一下，我的感官以前曾愚弄过我。就像

我看到桌上有一个苹果的摆件，我以为它是真的苹果，但实际上它只是个逼真的苹果摆件。”他意识到他可以怀疑自己的感官，因为让我们面对现实，它们可能相当不可靠。

之后，笛卡尔更深入地思考，思考我们在学校学到的那些非常基础的东西，比如数学和简单的真理，他想，但是（这就是事情变得有点科幻的地方），“如果有一个超级强大的、调皮的魔鬼在我的大脑中捣乱，让 2 加 2 看起来等于 4，但实际上不是呢？”所以，砰，他决定连这些简单的数学也要怀疑。

当笛卡尔接近绝望的时候，顿悟时刻出现了：“我找到了！”他意识到怀疑的行为，思考所有这些想法的过程，都证明了一件事：他存在。因为如果他在思考，那么肯定有一个“他”在思考，对吧？这就像你试图弄清楚自己是否在做梦。你在想这件事意味着你至少在某种程度上是清醒的。

注意了，经典时刻到了！笛卡尔说出了他的传世名言：“我思故我在。”

这是不可否认的真理，即使其他一切都不确定，但他在思考的事实是不可否认的。

笛卡尔的领悟在某种程度上是一件大事，因为它改变了我们如何确定事实的方式。他不是从我们周围的世界开始，而是从内在世界开始，从自我意识开始。这就像说："在我知道那是一只真正的猫还是只是一幅超逼真的猫画之前，我需要知道我在这里，思考着它们之间的区别。"

所以下次当你陷入沉思，比如当你担心是否忘记了锁车门，或者担心鬼魂是否真的存在时，记得我们的朋友笛卡尔。他提醒我们，怀疑和思考的行为证明了我们是真实存在的。在这个疯狂、不确定的世界中，这是我们唯一可以完全确定的事情。这种感觉就像在黑暗中只靠手机的光线找到回家的路一样令人安心。

## 【笛卡尔经典语录】

1. “但我立刻注意到，为了要怀疑一切，必须有一个在怀疑的主体。因此，不论我怀疑什么，‘我’作为怀疑的主体，是不可能被怀疑的。由此我得出结论：我思故我在。”

——《第一哲学沉思录》

2. “我决定把所有我曾信以为真的东西都当作虚假的来对待，以免被任何偏见所左右。”（怀疑一切的思维方法）

——《第一哲学沉思录》

3. “我曾经相信，我通过感官获得的所有知识都是真实的。然而，我逐渐意识到，感官有时会欺骗我，尤其是在远距离或难以清楚分辨的事物上。因此，我决定再也不完全信任我的感官，并转向理性，作为寻找真理的更可靠工具。”

——《谈谈方法》

4. “要想成为真正的哲学家，就必须采用一套可靠的方法来追求知识。我设定了四条规则：一是，只接受那些我清楚且分明感知到的事物；二是，将复杂问题分解为若干简单部分；三是，循序渐进地解决这些问题，从最简单的开始；四是，全面审查，确保没有遗漏。”

——《谈谈方法》

5. “理性是世上分配得最公平的东西，因为每个人都认为自己拥有足够的理性。”

——《谈谈方法》

6.“征服自己比征服世界更伟大。”

——《谈谈方法》

7.“要想真正寻得真理，至少一次，在一切事物上都应持怀疑态度。”

——《谈谈方法》

8.“一切良好思想的根源，都在于正确运用理性。”

——《第一哲学沉思录》

9.“心灵的力量不仅在于知道什么是真理，还在于如何发现它。”

——《谈谈方法》

10.“最公正的思想是那些能够承受最严格怀疑的思想。”

——《第一哲学沉思录》

# 第三章　萨特：存在先于本质

他人即地狱。

——让 - 保罗 · 萨特

## 萨特其人

让 - 保罗 · 萨特（Jean-Paul Sartre，1905—1980），法国哲学家、剧作家、小说家，存在主义和现象学的关键人物。萨特参加过第二次世界大战，被俘获后在战俘营也坚持学习哲学。战后发表《存在与虚无》，这本书大火，被视为法国存在主义运动的奠基之作。萨特访问过中国北京，对中国持友好态度。萨特和同时代的女性哲学家西蒙娜 · 波伏娃是终生挚友兼情侣。尽管试图拒绝，萨特还是凭借《恶心》获得 1964 年诺贝尔文学奖，他的理由是："作家应该拒绝被转变成机构。"

## ｜超时空采访｜

问题一

保罗·萨特先生，您好，我是湖底的海因斯，一位“90后”的年轻人，先提一个我们这个时代年轻人最关心的话题：“您为什么拒绝诺贝尔奖？奖牌不要，钱可以留着啊！”

我是一个自由独立的个体，不愿受到约束。拿人家的钱，就等于被西方集团收买，我认为作为一名作家，有必要独立于利益与影响力之外。

哎，年轻人，借用我朋友的一句话——“欲望总是以厌倦收场。”
让-保罗·萨特

问题二

请问萨特先生，您与波伏娃老师的“爱情契约”是怎么回事？

协议内容大致如下：
1. 只做最亲密的爱人，但永不结婚。
2. 彼此保持自由之身，允许对方有别的感情体验。
3. 彼此享有知情权，与第三方的感情体验必须相互告知。
4. 本协议期限为两年，到期再进行协商。
我知道，即便对于你们这个时代的年轻人来说，我也算一个标准的“渣男”，但我始终认为爱应该是自由的，不受任何束缚。

让-保罗·萨特

哼，您说得没错！协议到期后你们就分手了吧？

我们续签了，期限是一辈子。

让-保罗·萨特

这份“爱情契约”更像是一次社会实验，起初，郎才女貌，两人关系较为对等时，两人还会相互写信交流“外遇”情况，既分享新鲜体验，也会因为嫉妒而痛苦。然而，随着时间的流逝，萨特越来越出名，波伏娃则变得年老色衰，两人的关系出现了不对等，同

时，由于两人追求不同，导致矛盾与痛苦逐渐增多。

两人晚年回忆这次社会实验时，都认为痛苦大于快乐。

## 他人即地狱

萨特认为，他人的目光对我们的自我认知有巨大的影响。

想象你坐在教室里上晚自习，所有的同学都在埋头做自己的事，你也在埋头做一道题。你很投入，暂时感知不到他人的存在。就在这时，老师站在了你的桌旁，想看看你是怎么解题的。你知道老师在看你，你知道自己在被注视，你感到了压力。你想给老师留个好印象，但无论你怎么努力，你的思路还是断了。直到老师从你身边离开，你才松了口气，断了的思路也重新连了起来。

小湖，今天有没有好好写论文？

坏了，摸鱼被发现了。萨特老师，人家是小董。

好吧，小董。我在看着你呢！（代表目光和注视）

萨特老师，我写完了，您帮我看看怎么样？
（代表下意识根据对方的目光去塑造自己的形象）

再想象一个场景，这个场景平时不太可能发生，但还是请你尽量想象。想象你和两个人被困在一个房间里，永远无法离开。为了

我说，姐们儿，咱们被困在这儿了，唠会儿呗，反正也没事干。
A

C

B

A

跟你俩有啥可唠的，认知水平都不在一个段位。
B

就是，就是！
C

打发时间，你不得不和他们聊天，但你们也经常吵架，冲突不断。但房间就你们三个人，如果不和他们说话，你可能会因为孤独而疯掉。

不是只有你有这种感觉，那两个人也需要你。你们无法逃避对方，不断通过彼此的眼光来审视和定义自己，既相互依赖，又让彼此痛苦和绝望。你们被迫永远与彼此相处。

上述场景出自萨特的哲理短剧《禁闭》。这不仅仅是一个思想实验，它是对现实生活的深刻写照。“他人即地狱！”（法语：L'enfer, c'est les autres.）萨特并非要表达人与人之间的“你死我活”的关系，而是揭示了人与人在相互依存中，又时常陷入冲突的复杂生存境况。

人类彼此依存又相互冲突

## 存在先于本质

聊完了“他人即地狱”后，我们大概对萨特是怎么看待人的存在的有了一些了解。有人可能会说，“读完后觉得怪沉重的”，有这种感觉，一点儿也不奇怪。如果我们生活的世界，真的是“他人即地狱”般的存在，那么这幅画面便如同灰暗的白昼、深邃的夜空，阴郁得让人压抑。

别急，接下来我们来聊点儿轻松明快的内容。

萨特的性格中有些反叛，这种反叛也反映在他的思想上。但哲学界有个传统，反叛的前提是了解，否则你的反叛就不会被重视，因为别人会觉得你的反叛是“无理取闹”。

我要做非主流女神，我要当网红，打工是不可能的，我要……我要带货！我不管，也不想了解你们说的工作或者职业是什么样的！我就是要……
B

这不叫反叛，这是无理取闹！
A

萨特很了解这一点，他先是广泛读了很多传统哲学的书，做到全面了解后，才反叛地说：“传统哲学对存在的认识是错的！”

怎么错了呢？传统哲学有一个分支叫本质主义，这一派的人认为，一切事物，包括人类在内，都有一个预先确定的本质或目的，存在只是实现这一本质或目的的过程。简单来说，本质决定了存在。他们经常用一位房屋建造师和一堆石头举例。本质主义派认为这堆石头有一个预先设定的形状（比如一栋两层高带阳台的屋子），建造师做的事，就是把这个形状从没有变成有。最后造出来的房子就是这堆石头的目的或本质。

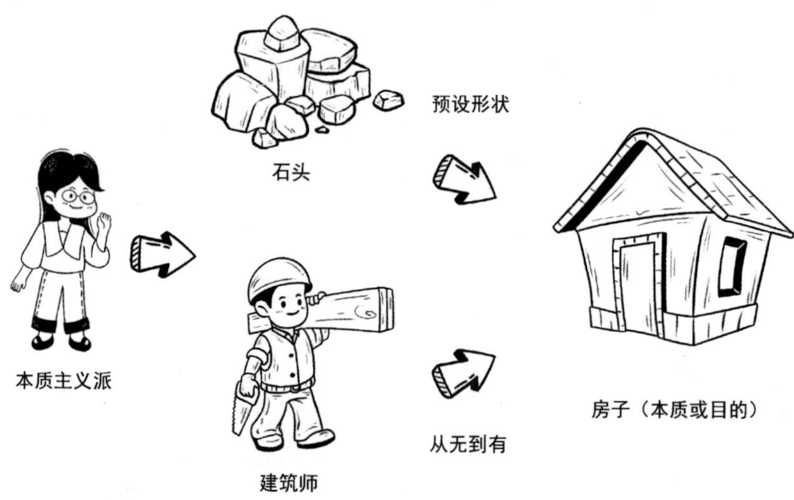


萨特说，你们说的不对，顺序弄错了。这堆石头没有预先设定的形状，它们先是存在的，然后再借由建造师之手变成各种事物，可能是房屋，可能是大桥，也可能只是一面墙。在建造师的手下，石头可以成为任何东西。

物体是这样，那人呢？萨特说，人也是一样的。人首先存在于这个世界上，然后通过自己的行为、选择和经历来定义自己的本质或本性。人的本质，说白了，就是“人是什么”。你是什么样的人，完全是由你的一个个选择、行动和经历塑造的。想象你是一位编剧，你的面前有一本空白的剧本。在你开始动笔之前，这个剧本没

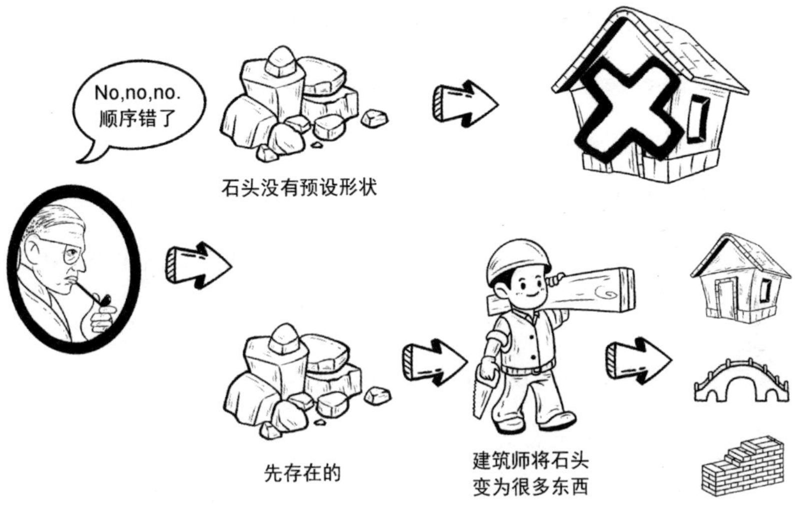
No,no,no.
顺序错了
石头没有预设形状
先存在的
建筑师将石头
变为很多东西

有任何角色和情节。你自己创造角色和剧情，每一行每一个字，都由你自由地创造。剧本就是你的存在，而剧本的内容就是你的本质。

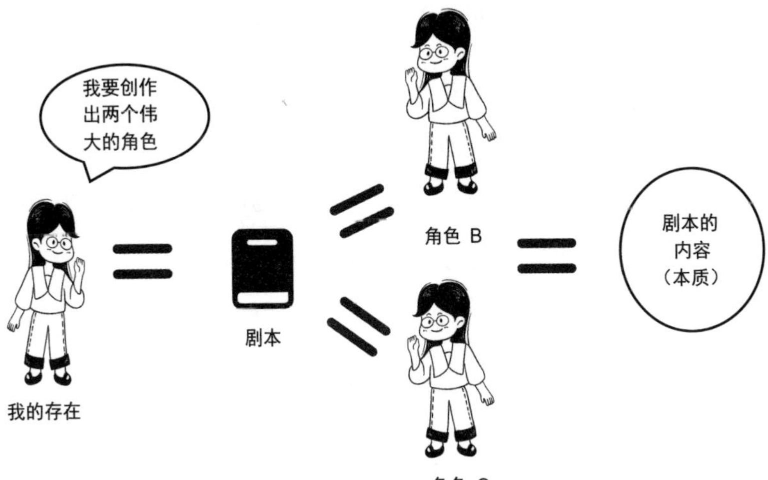
我要创作
出两个伟
大的角色
我的存在
剧本
角色 B
角色 C
剧本的
内容
（本质）

为了强调人的这种自由，萨特高呼："存在先于本质（existence precedes essence）。"他认为我们生来没有既定的本质，我们是完全自由的。我们先是存在，而存在即意味着成为。

这种自由是绝对的。绝对的意思是"无条件"，也就是说，我们是无条件自由的，没有任何预设的规则或命运在限制我们。正如萨特所言：

"人类注定是自由的。被抛入这个世界后，他必须对自己的行为负全部责任，即使他试图逃避，这本身也是一种选择。"

萨特在这里强调，自由不仅是选择的权利，也是我们无法逃避的责任。我们总是站在人生的十字路口，面对无数条可以选择的道路，却没有任何路标指示哪条是"正确的"。你可以走任何一条路，但必须为自己的选择承担所有后果。对萨特来说，自由与责任密不可分。

就像此刻，你可能在书店，或是在家里，捧着这本书阅读，这本身就是一个选择。选择有大有小，许多微小的选择你可能未曾注意到，但它们早已无形中塑造了你是一个怎样的人。正如萨特所说，自由意味着我们时刻在选择，而这些选择，哪怕是看似无关紧要的，都会逐渐决定我们的人生方向与本质。

## 【萨特经典语录】

1. "存在先于本质。"

——《存在与虚无》

2. “他人即地狱。”

——《禁闭》

3. “自由不是我们拥有的东西，而是我们本身。”

——《存在与虚无》

4. “人首先是个存在者，然后才是他自己所定义的东西。”

——《存在与虚无》

5. “每个行为都在定义自己，选择的同时也定义了人类。”

——《存在主义是一种人道主义》

6. “在一切行动中，我们都选择了自己认为对所有人有意义的价值。”

——《存在主义是一种人道主义》

7. “人类是虚无的集合，他们的本质就是自由地决定自己要成为什么样的人。”

——《存在与虚无》

8. “绝望并不是没有希望，而是理解我们自己对世界和他人的责任。”

——《存在主义是一种人道主义》

9. “生活在没有人去生活之前是没有内容的；它的价值恰恰就是你选择的那种意义。”

——《存在主义是一种人道主义》

10. “人只是他企图成为的那样，他只是在实现自己意图上方才存在，所以他除掉自己的行动总和外，什么都不是；除掉他的生命外，什么都不是。”

——《存在主义是一种人道主义》

# 第四章　海德格尔：向死而生

向死而生。

——马丁·海德格尔

## 海德格尔其人

马丁·海德格尔（Martin Heidegger，1889—1976），德国哲学家。其哲学以人的存在为主题，对人的存在进行了深入的探索。

他最有名的书是《存在与时间》，这本书的核心问题是“存在是什么”，海德格尔提出了“此在”（Dasein）的概念，强调人是唯一能够自我反思的生物。《存在与时间》常被列为最难读的哲学著作之一，顺便提一句，这类榜单的前三名几乎总是由德国哲学家占据。

尽管晚年因加入德国纳粹党而饱受争议，海德格尔在哲学领域的贡献依然不可忽视。海德格尔对存在的深入反思、对技术的批判以及对日常生活状态的揭示，使他成为20世纪最杰出的哲学家之一。

出生于天主教家庭

存在主义哲学创始人

海德格尔

存在与时间

被誉为20世纪最伟大作品之一

晚年加入纳粹，
并担任弗莱堡大学校长

## | 超时空采访 |

问题一

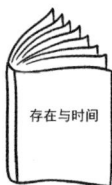

海德格尔老师，让我们谈一谈关于您人生的污点。您本是一位备受尊敬的哲学家，却在1933年之后做出很多令人无法接受的选择。

那是我的个人选择。

海德格尔

1933年，您当选了已被纳粹控制的弗莱堡大学的校长，并于5月1日正式加入纳粹党。请问您是被逼无奈吗？

不予置评。（海德格尔在接受《明镜》周刊记者采访时表示，自己接任校长一职并不是主动的，而是为了大学免遭政治操控而为之。上任初期，海德格尔确实扮演着抵抗者的姿态，但很快就选择了妥协。）

海德格尔

20世纪30年代的德国，纳粹主义崛起，吸引了包括海德格尔在内的一些知识分子的关注。海德格尔一直倾向于寻找一种新的政治和社会秩序。纳粹主义及其宣称的“大事”，使他错误地认为纳粹能够解决德国面临的种种问题。

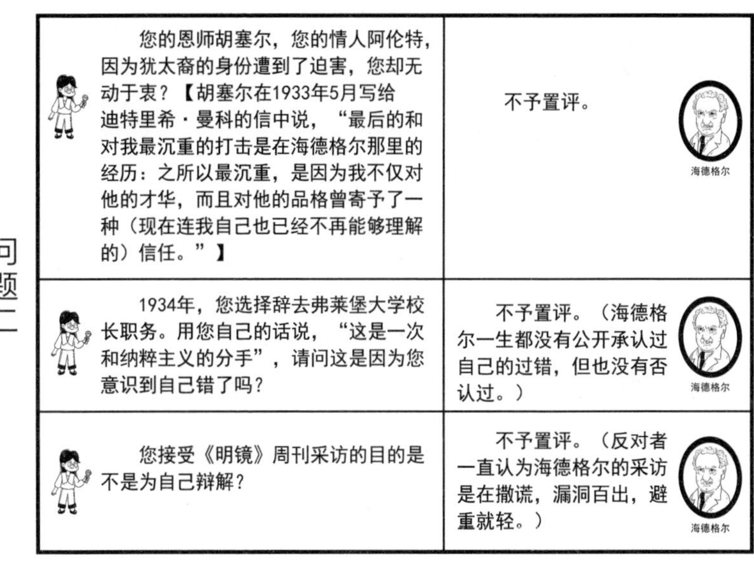

| 问题二 | | |
|---|---|---|
| | 您的恩师胡塞尔，您的情人阿伦特，因为犹太裔的身份遭到了迫害，您却无动于衷？【胡塞尔在1933年5月写给迪特里希·曼科的信中说，“最后的和对我最沉重的打击是在海德格尔那里的经历：之所以最沉重，是因为我不仅对他的才华，而且对他的品格曾寄予了一种（现在连我自己也已经不再能够理解的）信任。”】 | 不予置评。 海德格尔 |
| | 1934年，您选择辞去弗莱堡大学校长职务。用您自己的话说，“这是一次和纳粹主义的分手”，请问这是因为您意识到自己错了吗？ | 不予置评。（海德格尔一生都没有公开承认过自己的过错，但也没有否认过。） 海德格尔 |
| | 您接受《明镜》周刊采访的目的是不是为自己辩解？ | 不予置评。（反对者一直认为海德格尔的采访是在撒谎，漏洞百出，避重就轻。） 海德格尔 |

1934年，海德格尔辞去了弗莱堡大学校长的职务。对于自己的纳粹经历，海德格尔在第二次世界大战后保持沉默，既没有低头认罪，也没有为自己辩护。直到他去世后，一些非公开的访谈和文献才逐渐揭示了他内心的想法和挣扎。海德格尔的学术贡献不容忽视，然而这段纳粹经历也成为了他一生中最大的污点之一。

## 此在（Dasein）

海德格尔是个喜欢创造专业术语的哲学家，他常常将几个词汇拼接在一起，形成新的词汇，这无疑增加了理解他思想的难度，尤其是对于中文读者而言更为复杂。例如，“向死而生”这一概念源自德语“Sein-zum-Tode”，原本的德语表达已经让人困惑，翻译成中文后更是让人摸不着头脑。

除了自创术语，海德格尔还喜欢为常见词汇赋予独特的意义。比如他最重要的哲学概念之一——“此在”，翻译自德语“Dasein”。在德语中，Dasein 通常指“存在”或“生活”，但海德格尔认为这个词原本的意思无法表达他想传达的思想。因此，他为这些常见词汇赋予新的意义，“旧瓶装新酒”，这也成为了他哲学的一大特色。

就是想整点难度大的
让你们看不懂!
着急不?
好好学习啊!


“此在”是对海德格尔哲学概念的标准翻译，也是他的思想标志。虽然许多哲学家都讨论存在与生活，但一看到“此在”，人们立刻会想到海德格尔。这个词在中文中看起来有些奇怪，因为没有类似的用法，我们可以理解为“存在”前多了一个“此”。那么，“此”是什么意思呢？“此”在中文中指“这里”或“这个”，因此“此在”的第一层含义就是“在这里存在”。

“这里”指的正是“世界”，所以“此在”的核心含义是“在世界中存在（Being-in-the-world）”，它强调我们总是在特定的世界和环境中生活。海德格尔试图提醒我们，存在的空间性意识是哲学的起点。

在这一点上，不妨将海德格尔与笛卡尔对比。笛卡尔认为哲学的起点是“我在思”，并由此推出“我思故我在”；而海德格尔则不同意这一观点，他认为哲学的真正出发点是对人类作为“在世界中的存在”的觉察。

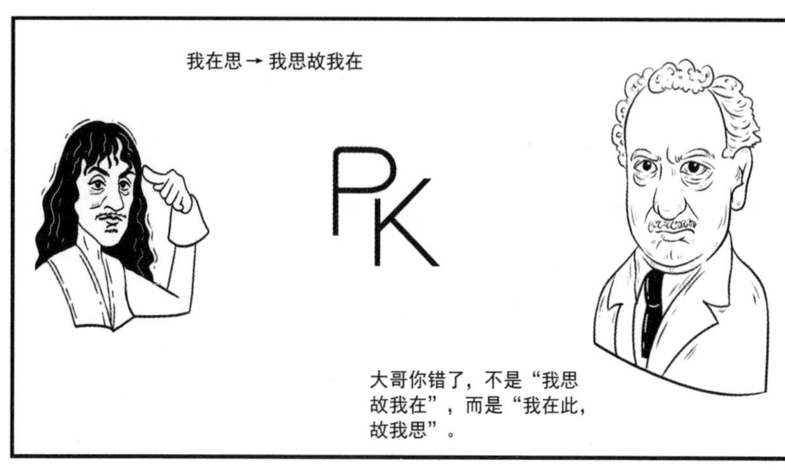


海德格尔还指出，“此在”的“此”并非由我们选择。当我们出生时，许多事情已经被决定了，而作为婴儿的我们根本无法选择，比如我们的性别、种族、父母、家庭等。在这个意义上，海德格尔提出：“我们是被抛入这个世界的。”这构成了“此在”的第二层含义，即我们被动地进入一个已然存在的世界，承接着我们无法改变的境遇和环境。这个“被抛”的状态强调了我们与世界的关系，并引导我们去思考如何在既定的条件下存在与行动。

问题是，被抛入世界后，我们该如何生活？海德格尔的独到见解就在于此。他指出，我们可以选择过一种本真的生活，即真实地面对自己的有限性和死亡，坦然接受生命的终结性；我们也可以选择过一种非本真的生活，即被日常琐事和社会期待所驱动，逃避对自身存在的深层思考。

无论如何，“此在”面临的首要任务就是生活，这才是最根本的，而不是其他事情。我们必须做出选择，是活得本真、直面存在的本质，还是选择非本真，陷入表面的忙碌和逃避。但无论是哪种生活方式，选择都是不可避免的，我们无法逃避做出决定。

## 向死而生

新一轮的谈话，不如从一枚硬币开始。我们都知道，硬币有正反两面，不可能存在两面都 样的硬币（除非是假的）。那么，你有没有想过，为什么硬币要设计成两面不同的样子？为什么不让它两面都一模一样？对此可以有很多答案，比如美观，两面图案比单面丰富；又比如实用，很多人通过抛硬币来做决定，如果两面一样，它就失去了不确定性，而这种不确定性与概率相关。

现在试着把硬币想象成我们的生活。如果生活也有两面，并且这两面是最基本、不可或缺的，它们会是什么？你可以试着自己思考这个问题。

海德格尔或许是第一个认真思考死亡的人，因此他提出了著名的命题：“向死而生。”如之前提到，海德格尔喜欢通过拼接词汇创造新概念，“向死而生”就是这样的词。既然它是由两个部分组合而成，不妨将其拆开来理解：“向死”和“而生”。

“向死”容易被误解为“寻死”或“走向死亡”，但这并非海德格尔的意思。他想指出的是生活的某种本质，那就是死亡。海德格尔发现，死亡是每个人无法逃避的终极经历，无法被他人替代。死亡是人类存在的最终极限，是不可避免的终点，且随时可能发生，何时死亡都是合理的。听起来有些恐怖，对吧？那么，知道这一点对我们有什么帮助呢？

小湖，死亡是不可替代的，你认可吗？你要是不认可，你愿意替我去死吗？
认可！
同意！
您说得对！

海德格尔绝对不是在吓唬我们，他也不会无聊到如此地步。他真正的意图是让人们正视那些我们总想逃避的事物，而人类最想逃避的，莫过于死亡。然而，海德格尔清醒地指出："死亡是绝对无法避免的，人必须正视死亡。"

有些人可能会抱怨，难道海德格尔的意思是我们每天都要想起"自己终有一死"？这样未免太让人难过和沮丧了吧！毕竟死亡本身就足够令人害怕，谁也不愿多谈论它。对于这些抱怨，海德格尔的回答可能会让一些人感到失望甚至不满，因为他依然坚持自己的看法："恐惧是正确的。我们需要通过这种恐惧意识到活着的重要性。正视死亡是我们开始真正生存的第一步，拒绝接受死亡的生活，只能是一种非本真的生活。"

海德格尔
凡人皆有一死。

别老吓唬我，我还年轻！

海德格尔
恐惧就对了！

请注意，这里海德格尔谈到了生存。正是通过面对死亡，人才开始理解什么是真正的生活。

这就是“向死”的另一面——“而生”。也就是说，人应直面自己终将一死的现实，意识到自身的有限性，并在此基础上真正活着。正因为意识到有限，人才会更加认真地思考如何度过这有限的时间。

此外，正视死亡能帮助我们摆脱日常的琐碎和平庸，将精力投入到更重要、更有意义的事物中。如今，许多人倡导“活在当下”。对此，海德格尔会说：“每个当下都是面向未来的，人在规划未来时，必须考虑死亡。”

总之，“向死而生”是一种存在的觉醒，它将我们从庸常中解放，鼓励追求更加充实、本真的生活。

## 【海德格尔经典语录】

1.“存在的问题，就是关于存在者的意义问题。”

——《存在与时间》

2.“死亡是人类不可替代、无法转移的最本己的可能性。”

——《存在与时间》

3.“语言是存在的家。”

——《存在与时间》

4.“每一个当下，都是对未来的投向。”

——《存在与时间》

5.“居住意味着，人在大地上使其自身成为诗。”

——《诗·语言·思》

6.“哲学的起点在于惊异。”

——《什么是形而上学？》

7.“人是被抛入世界的存在。”

——《存在与时间》

8.“存在先于本质，但存在只能通过时间显现。”

——《存在与时间》

9.“无的本质就在于其使存在者在整体上显现。”

——《什么是形而上学？》

10.“存在者的真理就是在场，而在场是被遗忘的。”

——《存在与时间》

# 第五章　尼采：那些没能杀死我的，使我更坚强

那些没能杀死我的，使我更坚强！

——弗里德里希·威廉·尼采

## 尼采其人

弗里德里希·威廉·尼采（Friedrich Wilhelm Nietzsche，1844—1900），德国哲学家，其哲学思想激进且风格独特，很难用一个词定义。尼采年幼丧父，早年就展现出惊人的学术才华，其《悲剧的诞生》对传统道德和宗教观念发出猛烈抨击。

尼采的后半生经历了许多精神上的挣扎，但创作了大量重要作品，如《查拉图斯特拉如是说》和《善恶的彼岸》。晚年，尼采精神崩溃，最终在母亲和妹妹的照料下度过余生。

1900年，尼采死于肺炎。尼采的哲学思想在后世产生了深远的影响，成为20世纪重要的思想先驱。尼采的许多名言被后世传诵，如“上帝死了”“一个人知道自己为什么而活，就能忍受任何生活。”和“与怪物战斗的人，应当小心自己不要成为怪物。当你凝视深渊时，深渊也在凝视你。”等。

## ｜超时空采访｜

问题一

尼采老师，终于见到您本人了，我有好多问题。我的第一个问题是：“当年您的第一本著作《悲剧的诞生》饱受质疑，甚至是铺天盖地的谩骂，对此您有什么感受？”

我的时代没有人能理解我的作品，我的话是说给两百年后的耳朵听的。

尼 采

当年25岁的尼采在巴塞尔大学任古典语文学教授，在古典气息浓厚的氛围中，尼采的书无论写作手法还是思想内核都完全背离了传统，挑战了主流学术观点，导致他的学说无法被接受，甚至受到家人、朋友的排挤。

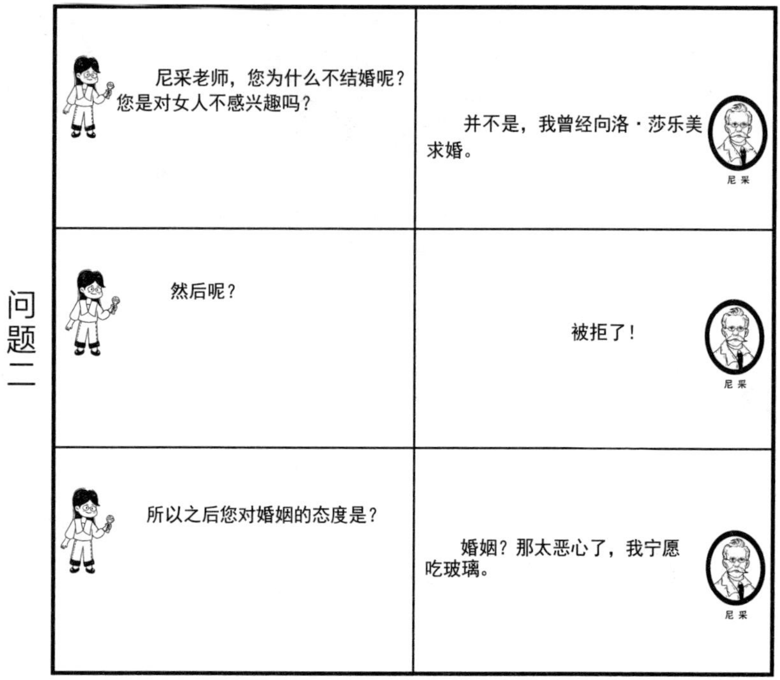

问题二

| | |
|---|---|
| 尼采老师，您为什么不结婚呢？您是对女人不感兴趣吗？ | 并不是，我曾经向洛·莎乐美求婚。（尼采） |
| 然后呢？ | 被拒了！（尼采） |
| 所以之后您对婚姻的态度是？ | 婚姻？那太恶心了，我宁愿吃玻璃。（尼采） |

“婚姻？那太恶心了，我宁愿吃玻璃。”这句话是尼采与朋友聊天时随口说的，可能是基于他对当时社会婚姻制度的批判或对婚姻中某些问题的深刻洞察。这是一种极端的表达，并不代表尼采对婚姻的全面看法。

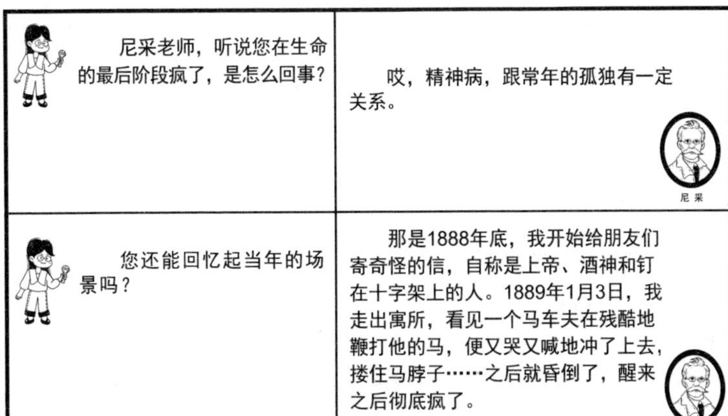

问题三
尼采老师，听说您在生命的最后阶段疯了，是怎么回事？
哎，精神病，跟常年的孤独有一定关系。
尼采
您还能回忆起当年的场景吗？
那是1888年底，我开始给朋友们寄奇怪的信，自称是上帝、酒神和钉在十字架上的人。1889年1月3日，我走出寓所，看见一个马车夫在残酷地鞭打他的马，便又哭又喊地冲了上去，搂住马脖子……之后就昏倒了，醒来之后彻底疯了。
尼采

尼采的精神崩溃是他与时代抗争、与自我抗争的必然结果。他的思想强度过高，身体状况日益恶化，所处的社会环境也对他造成了巨大的压力，这些都加速了他的精神崩溃，过早地耗尽了自己的一生。

## 权力意志（Wille zur Macht）

可以理解为推动万物变化和发展的最根本力量。世界上所有的事情——从自然界的物理运动，到动植物的生长繁殖，再到人类的心理活动和文化现象，背后都有着"权力意志"的驱动。权力意志的核心目标是追求力量的增长和扩展，这是它唯一的准则。"权力意志是宇宙的根本意志，决定一切的力量，推动自然和社会发展的动力。"

不过，这里的"权力"并不是我们通常所理解的，比如政治权力、金钱权力等，而是一切能带来力量感、影响力的存在形式。它可以是生命的生长、个人的自我提升、创造力的释放，甚至是思想的进步。因此，权力意志不仅仅是追求外在的掌控，更是对内在生命力和创造力的不断表达和超越。“生命就是权力意志。”尼采认为生命本身就是一种不断追求权力和扩张的过程。这种权力意志表现为生命体的各种活动和欲望。

尼采认为，应该用“权力意志”作为衡量一切价值的标准，而不是我们通常使用的善恶、好坏或进步与退步这些传统的道德准则。这意味着，价值的重估不再是基于固定的道德框架，而是看其是否体现了权力意志，是否推动了自我和生命力的扩展与提升。

简单来说，尼采的“权力意志”是一种无处不在的生命动力，它驱动一切事物不断追求力量、突破限制、超越自我。这不仅是对外在世界的掌控，更是对内在生命力的不断表达和提升。

### 永恒轮回（Ewige Wiederkunft）

尼采认为这是他最重要的思想之一。这是一种循环宇宙观，最早起源于古埃及，假定宇宙会以相同的形式不断循环，且这种循环的次数无法预测。尼采的阐述稍有不同：不是整个宇宙，而是世界上的所有事件都会以相同的顺序永恒地重复发生。普遍认为，尼采的永恒轮回说是一种假设，或是一种思想实验，因为现实中的每一刻不可能完全相同。

这个思想实验的意义在于让我们思考这样一个想象的场景：你

的生活就像一盘录像带在无限循环播放，每一分每一秒都相同，所有的事情都完全一样，你每天经历的每一件事都会无限重复，且永远不会停止。在这种情况下，你会选择怎么生活？

你肯定会觉得这样的生活很无聊，甚至很可怕，乃至产生一种荒谬感。你会不会更加努力，让每一天都过得有意义？你会不会更加慎重，对待每一个选择？

通过这个假设，尼采鼓励人们反思和思考人生的意义与价值，去寻找一种即使无限次重复也依然觉得值得的生活。

**那些没能杀死我的，使我更坚强**

（这句名言出自《偶像的黄昏（*Thewilight of the Idols*）》。原文

为：“Was mich nicht umbringt，macht mich stärker。”）

想象你正在玩一款需要不断打怪升级，才能打败最终“大魔王”的电子游戏。

你就是游戏的主人公。在每个阶段，你都可能会遇到一个非常强大的怪兽，你拼尽全力打败它，过程中可能会受伤，也可能会丢掉性命导致游戏重新开始，但最终当你战胜怪兽，你的角色会获得经验值，等级也会提升，你也因此变得更强。

但尼采并不满足于把人生看作是游戏，这对他来说似乎有点过于轻松了。因为在游戏里，你可以“死”很多次，而且还可以重置数据，从头开始，但真实的人生是重置不了的，人生只有一次。

尼采意识到，必须抱着“人生只有一次”的觉悟去生活，你才能越来越强大。人生没有退路，只有向前。

苹果公司创始人史蒂夫·乔布斯，在被苹果公司解雇后并没有放弃，而是创立了 NeXT 和皮克斯公司，最终又回到苹果公司并取得了辉煌的成就。

假如尼采能够活到 21 世纪，估计会比较满意乔布斯的这种人生态度。因为这种人生态度就像在对命运大声宣告：“那些没能杀死我的，使我更坚强。”

这句话展现了一种看待挫折和逆境的不同视角。挫折和逆境本就是人生的一部分，无人可以避免，关键在于如何对待它们。失败和痛苦亦是成长的一部分，我们可以把痛苦和失败转化为成长和强化自我的机会。

听起来好像是尼采在给我们灌鸡汤，但他真正想表达的，远比“鸡汤”更深刻，尼采真正想表达的是权力意志的力量，权力意志是生命冲动的本质，是权力意志在不断追求着战胜自我，超越自我。

“那些没能杀死我的，使我更坚强”，这句话的背景与尼采的哲学思想密切相关。当时，尼采正在以他的“铁锤哲学”对欧洲的道德、哲学、文化和宗教进行彻底而深刻的批判。他试图打破传统观念的束缚，挑战现有的道德和价值体系，以此唤醒人们的自我意识，追求更高的精神境界。

传统观念通常教导我们，痛苦是不好的，应该避免痛苦，追求舒适与安全。而尼采则提出了相反的看法：一味地避开痛苦、追求舒适的生活方式，是对生命意志的抑制，实际上削弱了人的生命力和创造力，只会让人变得越来越软弱。对于尼采来说，痛苦和挑战是强化个体意志、促进成长的必要条件。

尼采对权力意志的肯定，在某种程度上动摇了西方传统的价值体系。以往，人们通过“好与坏”评判事物的价值，通过“善与恶”衡量行为的道德性。但尼采则提出：“不，权力意志才是一切价值的最终准则。”甚至连幸福也应依据权力意志的增长来衡量。正如他所言：“什么是幸福？就是——冲破阻力的感觉，权力增长的感觉。”

做人嘛，就要活得轻松舒坦！

尼采
不对！人不应该一味地避免痛苦，追求舒适。

为啥呢？

尼采
因为你会变得更软弱！


当你的人生遭遇失败与挫折时，不妨想想尼采的话："那些没能杀死我的，使我更坚强。"

## 【尼采经典语录】

1. "与怪物搏斗的人，应当小心自己不要成为怪物。当你凝视深渊时，深渊也在凝视你。"

——《善恶的彼岸》

2. “谁拥有‘为何而活’，几乎就能忍受任何‘如何而活’。”

——《论道德的谱系》

3. “凡是有生命的，皆在斗争。”

——《权力意志》

4. “没有音乐，生活是没有价值的。”

——《偶像的黄昏》

5. “你要爱命运。”

——《快乐的科学》

6. “人是一根绳索，连接在动物与超人之间——一根凌驾于深渊上的绳索。”

——《查拉图斯特拉如是说》

7. “上帝死了！”

——《快乐的科学》

8. “成为你自己。”

——《善恶的彼岸》

9. “一切深刻的爱，都是超越善恶的。”

——《查拉图斯特拉如是说》

10. “那些没能杀死我的，使我更坚强。”

——《偶像的黄昏》

我的心弦被无形地拨动了，
悄悄弹奏一支船歌，
战栗在绚丽的欢乐前。
你们可有谁听见？

这是 1889 年 1 月 8 日，他的朋友奥维贝克带他回德国，途经威尼斯时，尼采在威尼斯桥上留下的绝唱。从此之后，尼采的神智始终没有再清醒过，于 1900 年 8 月 25 日在魏玛与世长辞。

尼采一生得到的爱与理解太少了，也许那个时代，真的没人能懂他。他的病历写着：该病人喜欢拥抱和亲吻街上的任何一个行人。孤独使他发疯，他终于在疯狂中摆脱了孤独。

尼采意大利故居纪念牌匾

# 第二篇

# 幸福与痛苦

幸福与痛苦看似对立，但在人生的体验中却密不可分。从古至今，哲学家们对幸福的定义与痛苦的本质展开了深刻的思考。亚里士多德认为，幸福源于理性与美德的完美结合，而休谟则强调感性经验在快乐与苦痛中的主导地位。康德指出，幸福是一种难以达成的理想，而道德义务应凌驾于追求快乐之上。与此相对，叔本华直言人生本质上是痛苦的；而约翰·斯图尔特·密尔则提出，幸福是一种高尚的快乐体验，并与个体的自我实现密切相关。本篇将介绍这五位哲学家对幸福与痛苦的独特见解，探讨他们如何思考人类在这二者间的挣扎与追求。或许我们能从中得到一些启示，帮助我们更好地理解“幸福”究竟意味着什么。

# 第六章　亚里士多德：卓越不是一种行为，而是一种习惯

卓越不是一种行为，而是一种习惯。

——亚里士多德

## 亚里士多德其人

亚里士多德（Aristotle，公元前384—公元前322），是古希腊哲学家，古希腊哲学的集大成者。年轻时，他师从柏拉图，并曾担任亚历山大大帝的老师。亚里士多德后来创办了自己的学园，名为吕克昂学园。他经常一边漫步于走廊和花园一边讲课，因此该学园的哲学被称为“漫步学派”或“逍遥学派”。

亚里士多德十分尊敬他的老师柏拉图，但他更坚持追求真理，因此有一句名言：“吾爱吾师，吾更爱真理。”这体现在他的哲学理念中。如果说柏拉图的哲学体系以“理念”为核心，强调那些脱离现实的永恒不变的形式，那么亚里士多德的工作就是将这些理念“从天上拉回人间”。他认为形式存在于事物之中，无法脱离事物独立存在。

意大利文艺复兴艺术家拉斐尔的著名壁画《雅典学院》中，正中央的两位核心人物就是柏拉图和亚里士多德，体现了他们在古希腊哲学中的中心地位。在壁画中，柏拉图手指指天，代表其哲学指向抽象的理念领域；亚里士多德手掌朝地，象征其哲学指向具体的现实世界。

被誉为“哲学百科全书”，几乎在哲学的每个领域都有深入贡献。

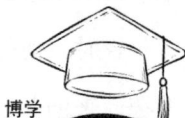

博学

多重身份

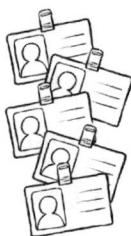

- 逻辑学之父
- 伦理学奠基人
- 政治学理论家
- 自然科学家
- 教育家与学者

中庸之道

凡人都要死，
苏格拉底是人，
苏格拉底必死！

死因成谜

主流观点：死于慢性疾病

传闻
1. 被毒死（缺乏确凿证据）
2. 跳海自杀
传说亚里士多德因无法解释潮汐现象而羞愧跳海自杀（该说法更可能是后世的传说或误解，并非历史事实）

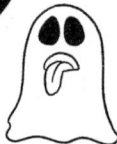

## | 超时空采访 |

问题一

亚里士多德老师，您的很多理论都被证明是错的，例如宇宙观、天体运动理论、物质构成说等，对此您有何感受？

有点儿尴尬，但更多的是欣慰。正如我所言：“吾爱吾师，吾更爱真理。”

亚里士多德的许多理论确实被证明是错误的，例如物体下落理论、地心说、元素论，等等，但这并不妨碍他在人类思想史上的重要地位和贡献。他的错误理论在一定程度上反映了当时人类对自然界和社会的认知水平有限，而他的正确思想和观点则为后世的科学发展提供了宝贵的启示和借鉴。

问题二

亚里士多德老师，听说您也像祖师爷苏格拉底一样被判为了不敬神罪，您为什么没有像苏格拉底一样选择留下，从容赴死呢？

亚里士多德：我没那么傻，我选择逃离雅典。

成功了吗？

亚里士多德：那必须啊！

结局咋样？

亚里士多德：结局确实不咋样，虽然跑了，但第二年胃病犯了，还是死了。

当年，亚历山大去世的消息传到雅典时，雅典人掀起了反马其顿的狂潮并攻击亚里士多德。他被判为不敬神罪，但最终成功逃脱，不过在第二年去世，终年六十三岁。外界猜测的原因是慢性疾病，其中胃病是最合理的猜测。

## 幸福

什么是幸福？

- 有人会说和家人在一起的温馨时光就是幸福；
- 有人会说和朋友来一场愉快旅行就是幸福；
- 有人会说下雨天独自在家阅读、观影的舒适和惬意就是幸福；
- 也有人说幸福是自己的工作被人肯定，获得外界荣誉的快乐。

身体的舒适、心灵的平静、快乐、荣誉……这些都会为人带来幸福感。亚里士多德认为，幸福是至善。他说："尽管人们对幸福的定义可能不同，但所有人都会同意，幸福就是最高的善。"

至善是所有善的终极目的。亚里士多德认为，知道"什么是好的"还不够，人们还需要知道"什么是最好的"。为什么这个问题如此重要？亚里士多德发现，知道什么是好的并不难，难的是如何在许多看似好的东西中做出正确的选择。有时我们必须在多个选项中抉择，而在这种时候，知道什么是最高的善就至关重要。

幸福的希腊语是 Eudaimonia，意思是"活得好"（living well）。亚里士多德发现，大众的意见并不可靠。大众习惯依赖主观感受去定义幸福。比如，享乐主义者认为幸福就是快乐，主张人生应当追求及时享乐。然而，一味追求快乐的结果，往往是快乐之后的空虚。为什么会这样呢？如何解决这个问题？亚里士多德认为，我们需要更深刻地了解人性，才能找到真正的幸福。

## 卓越不是一种行为，而是一种习惯

亚里士多德认为，人天然有一种实现本性和倾向的冲动。

- 人的本性不是满足生存需求，例如生长和繁殖，因为植物都知道拼命摄取营养满足生存需求；
- 人的本性也不是满足运动和感知的需求，因为自然界的动物也懂得满足运动和感知的需求；
- 人的本性也不是满足情感需求，因为一些动物也有情感表达的功能和需求。

人的本性是人类独有的、区别于其他一切存在物的特质。亚里士多德认为，人的本质在于理性。他说："人生最终的价值在于觉醒和思考的能力，而不仅仅是生存。"

那么，对人来说，什么是最好的生活？如前所述，不同的人对幸福有不同的看法。那些认为追求荣誉的生活是最好的生活的人，是因为他们喜欢被追捧的感觉。然而，亚里士多德指出，这不是一个主观偏好的问题，与个人喜好无关，这体现了他的道德客观主义。既然人的本性是理性，最好的生活就是人通过运用其理性能力，充分实现自身的潜能，过符合德性标准的生活。换句话说，最好的生活一定是顺应人的本性的生活。对此，亚里士多德还给出了一些具体的标准。

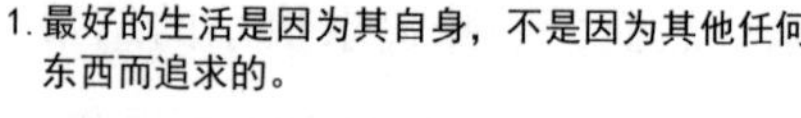

1. 最好的生活是因为其自身，不是因为其他任何东西而追求的。
2. 我们为了它而希望其他事物。
3. 我们不是因为其他事物而希望它。
4. 完备的，即它总是值得选择并且总是为了自身而被选择。
5. 自足的，即它的存在足以使生活无所缺乏。

例如，健康是好的，但它不是最好的（至善）。因为人们追求健康是为了拥有强健的体魄和充足的精力，以便追求更高的目标，比如事业的成功、自我价值的实现等。

同样，快乐也是好的，但它也不是最好的。因此，只追求快乐的享乐主义生活，不能算作最好的生活。首先，动物也只追求享乐。如果人类仅仅追求享乐，那么人与动物有什么区别呢？亚里士多德认为，人类与动物的区别在于理性，而最好的生活应该是通过理性运用来实现人的潜能，而不仅仅是追求感官的愉悦。

如果人只追求享乐，跟动物有什么区别。你能跟一只猫比吗？

对，你跟我能比吗？你有我可爱吗？

其次，只有快乐而缺乏其他东西的人生是不完整的，因为快乐往往是短暂的，快乐之后常常伴随着精神上的空虚。比快乐更持久的是满足感所带来的愉悦，而这种满足感源于潜能的实现和美德的实践。

我太空虚了，吃
完睡，睡醒玩，
玩完再吃，吃完
继续睡……


再次，物极必反，快乐容易过度，而过度的快乐会引发痛苦。因此，享乐主义者所倡导的及时行乐在现实中是无法实现的。最重要的是，美德才是实现最优生活的关键。亚里士多德认为，快乐是美德实践活动的附带产物。快乐是生活的一部分，但不是生活的最终目的。一个缺乏美德的人，无法体验真正的快乐。

至此，亚里士多德找到了通向最优生活（幸福）的两大要素：理性和美德。接着，他以一贯的方式对幸福做了如下定义："幸福实际上是理性灵魂的一种活动，这种活动按照美德或卓越来进行，换句话说，是以卓越的方式执行的理性活动。"

亚里士多德老师，我怎么得到真正的快乐？

你有德性吗？
亚里士多德

有啊，吃喝玩乐！

……
亚里士多德

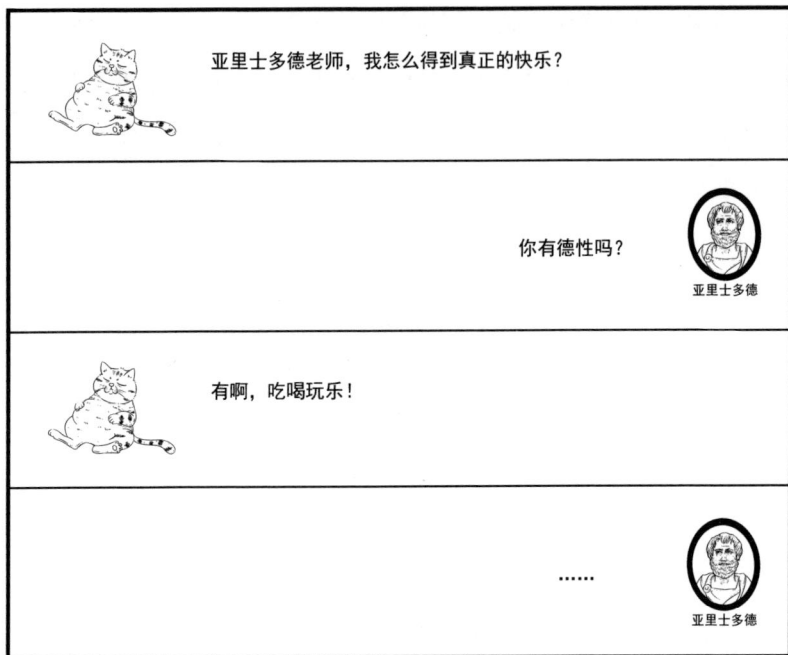

亚里士多德想要强调的有三点：

• 最好的生活是通过行动实现的。

• 德性是广义上的卓越，包括一切卓越的品质，不是狭义上的道德品质。

• 卓越不是一次行动，而是重复的行动。重复的行动造就了卓越。

至此，亚里士多德揭示了帮助人们过上好生活的“秘诀”，这一秘诀就是行动——重复的行动与践行美德的行动。他说道：“我们的重复行为造就了我们，所以卓越不是一种行为，而是一种习惯。”同样重要的是，这些行动必须是自愿的。被强迫或受到威胁的行为，即任何不出自个人自由意识和选择的行动，都不能被视为自愿行动，因此也无法让我们变得卓越。

## 【亚里士多德经典语录】

1. “所有人天生都渴望求知。”

——《形而上学》卷一

2. “美德在于中庸，即在过度与不足之间找到适当的平衡。”

——《尼各马可伦理学》

3. “幸福是灵魂依照美德的完美活动。”

——《尼各马可伦理学》

4. “一只燕子不代表春天，同样，一天的美好也不代表幸福。”

——《尼各马可伦理学》

5. “人是天生的政治动物。”

——《政治学》

6. “思考的活动是人类最崇高的幸福。”

——《尼各马可伦理学》

7. “教育的目的在于培养判断正确并热爱美德的公民。”

——《政治学》

8. “潜能与现实之间的区别极为重要，现实是潜能的实现。”

——《形而上学》

9.“没有友谊，没有人会选择生活，即使他拥有了其他一切。”

——《尼各马可伦理学》

10.“美德是由习惯形成的，我们通过重复的善行而变得美德化。”

——《尼各马可伦理学》

# 第七章　休谟：理性是激情的奴隶

理性是且只应当是激情的奴隶，
并且除了服从激情和为激情服务之外，
不能扮演其他角色。

——大卫·休谟

## 休谟其人

大卫·休谟（David Hume，1711—1776），苏格兰哲学家、经济学家和历史学家。休谟在世的时候并不是因为他的哲学而成名，事实上，他的主要哲学著作《人性论》在当时几乎无人问津，而是他那六卷本的《英国史》使他声名卓著。

休谟的哲学一般被归类为彻底的怀疑主义，因为他怀疑传统形而上学中的基本观念，比如实体、上帝和因果性等。德国哲学家伊曼努尔·康德曾指出，正是休谟的怀疑主义让他从“独断论的迷梦中惊醒”。休谟也是个道德自然主义者，认为道德的基础是人的自然情感。

除了哲学成就外，休谟还是一位博学多才的人，休谟也是一个非常快乐的人，因为他在研究哲学的同时从未与日常生活脱节。他将哲学与生活分开，不让哲学上的怀疑主义影响他的日常生活。

主要思想

· 因果问题
· 归纳问题
· 自我理论
· 经验主义认识论
· 情感主义伦理观
· 对宗教和奇迹的怀疑

人们都说，我是一个快乐的胖子

头衔众多

· 哲学家
· 经济学家
· 历史学家
· 启蒙运动思想家
· 多领域贡献者

这是大卫·休谟的自传，仅有5页，在他去世前4个月完成。

大卫·休谟以历史学家的身份成名，他所著的《英国史》一书成为当时英国历史学界的基础著作。

## | 超时空采访 |

大卫先生，非常感谢您能接受采访，您的哲学思想对后世产生了深远的影响，不过我最感兴趣的还是那个著名的“泥沼与卖鱼妇”的故事。据说您曾不慎陷入泥沼，而您肥胖的身材导致您无法爬上来。这时几个卖鱼的妇人经过，但因您是无神论者而犹豫是否救援。最终，您承诺爬上来之后就改信基督，才得以脱困。这个故事是否真实反映了您当时的处境和心态？

哈哈，我必须澄清一点，这个故事可能更多地来自于后人的杜撰，目的是用以说明当时社会对无神论者的偏见。实际上，我从未真正陷入过需要依赖宗教信仰来换取救援的境地。当然，我确实是无神论者，也深知这一立场在当时的社会中并不受欢迎。但我认为，真理和理性应该超越个人的信仰和偏见，成为我们思考和行动的基石。

大卫·休谟

还原一下这个故事，据多个来源记载，有一次休谟在爱丁堡试图横跨一片刚干涸的湖泊，不慎滑入了泥沼中。由于他体型较胖，陷进去之后爬不上来。此时，一群卖鱼的妇人刚好路过，她们认出了这位著名的无神论者，并因此拒绝救他。休谟在危急时刻机智地答应成为基督徒，并在泥沼中背诵了主祷文和信经，这些壮硕的卖鱼妇人才同意将他拉出泥沼。事后，休谟向朋友开玩笑说，这些卖鱼妇是他所遇到的最聪明的神学家。

## 休谟之叉（Hume's Fork）

休谟将知识分为两类：分析命题和综合命题，类似于叉子的两端，这种分类也被称为“休谟之叉”（Hume's Fork）。命题是对知识的表达，通常以陈述句的形式呈现，例如“今日太阳在 17:55 落山”这样的命题。

分析命题的真值（真假）基于观念的联系，“分析”意味着命题的真值可以通过分析该命题的主词和谓词关系得出，无需依赖经验的验证。由于不依赖经验，分析命题也是先验的。

例如：“所有单身汉都是未婚的男人。”在这个命题中，谓词“未婚的男人”是从主词“单身汉”中逻辑推导出来的，因此该命题必然为真，我们不需要通过调查实际情况来确认其真伪。类似地，“2+2=4”这样的数学和逻辑命题也是分析命题。基于此，分析命题是必然的、确定的知识。

大哥，结婚没？

你知道我对婚姻的态度！

“所有单身汉都是未结婚的男人。”
（命题为真）




综合命题基于事实状态，“综合”的意思是该命题的真值必须依赖经验事实的确认。举例来说：“太阳明天也会升起。”在这个句子中，太阳明天是否会升起，无法从句子本身逻辑地推导出来。我们需要通过观察明天的实际情况，才能判断该命题的真假。因此，综合命题在这个意义上是偶然的、不确定的知识。

休谟利用“休谟之叉”挑战了传统形而上学中的一些基本观念，如实体和上帝的存在。尤其是他对因果关系的怀疑，成为他哲学中最具颠覆性的部分。

### “休谟之叉”怀疑因果关系的逻辑推论

P1（前提一）：所有知识，要么是依据分析观念关系得出的必然真理，要么是依据经验对事实做出的偶然推理。（休谟之叉）

P2（前提二）：传统的因果性观念既不是分析命题，也不是综合命题。

结论：传统的因果性观念不属于知识。

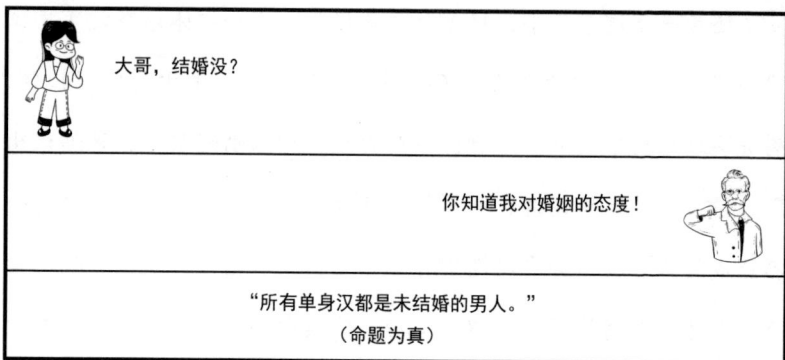

## 理性是激情的奴隶

分析了知识的种类和性质后，大卫·休谟转向思考行为的问题。让我们跟随他的思路，思考一个问题：行为的动机是什么？换句话说，是什么促使我们采取行动？是什么引发了吃饭？又是什么引发了跑步、读书或看视频等？你可能会说，这个问题太简单了：当然是饥饿感促使人吃饭，一个人饿了自然会去吃饭，这还需要思考吗？像吃饭、喝水、睡觉这样的行为几乎完全出于生物的本能，似乎不需要任何除了生理需求之外的解释。

真的如此吗？

休谟发现，任何行为都离不开理性。

即使像吃饭、睡觉这样最简单的行为，也需要理性的参与。例如，睡觉是因为你感到困倦，但并不能简单地推导出"困了就睡觉"这一行动。如果困了就能睡觉，世界可能会变得简单许多。事实上，人类在任何时候都不会仅仅因为困了就去睡觉。比如你正在上课，或者参加重要的公司会议，"困了"这种冲动不会直接引发睡觉的行为，因为理性会阻止你，并提醒你："现在不是适合睡觉的场合，时间和场合不对。"

看来，即使是最基本的生理性行为，也受到情感、理性和欲望等多种因素的影响。这表明，行为的动机并不是单一的。那么，问题的关键来了：在众多动机中，哪一个才对行动的发动起着决定性作用呢？

大卫·休谟
睡觉是因为你困了，但不能反推出“困了就睡觉”这件事。

困了不睡觉还能干啥？熬鹰玩吗？

大卫·休谟
理性会跳出来阻止你！例如你的老板在台上讲话，因此这会儿不能睡！

“理性”是谁？告诉我，我跟他急！


经过一番思考，休谟找到了答案。他发现，决定行为发动的并不是理性，而是激情。因此，他提出了著名的论断：“理性是且应当是激情的奴隶，除了服务和服从激情之外，不能有任何其他的职务。”

理性和激情就像天平的两端，而在休谟的天平里，激情的重量远远超过了理性，天平完全向激情倾斜。理性就像一名士兵，完全听从激情这位“长官”的命令，而不是相反，激情听从理性的指挥。

对于传统的哲学家来说，休谟的这一判断无疑是惊天动地的，令人难以接受！他们会反问：理性怎么可能会屈服于激情呢？

休谟的论证分为两步。首先，他从日常行为出发分析。激情有多种类型，而爱与憎恨是最基本的两种情感。只有当一个人对某个具体对象产生了厌恶或偏爱时，行动才会被激发。缺乏这种情感的推动，仅仅依靠理性是无法引发行动的。

例如，仅仅知道“应该早睡早起”是不足以促使一个人采取行动的。真正能够引发行动的，是他对“早睡早起”产生的厌恶或偏爱情绪。如果他对早睡早起感到厌恶，他就会避免这样做；而如果他对早睡早起产生了偏爱，那么他就会积极采取行动，努力实现这一目标。因此，行动的动力源自情感，而不是单纯的理性认识。

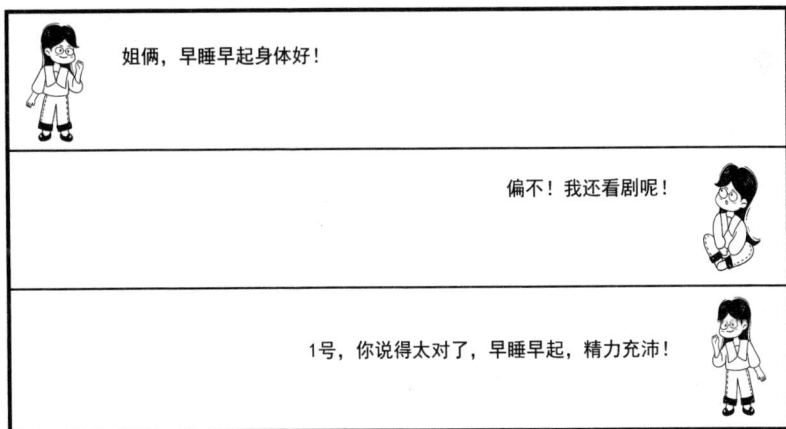

休谟认为，道德行为最能够体现他的原理，即“情感是道德的基础”。人们积极采取道德行为，实际上是受到激情的驱使。社会性激情是指那些以社会和他人为取向的情感，比如骄傲和谦卑。如果我们持续地让他人感到快乐，别人对我们产生道德上的赞许，我们就会因此感到骄傲；反之，如果我们让他人感到痛苦，别人对我们产生道德谴责，我们则会感到谦卑。

有人可能会反驳：你说得不对。有些人有很强的自制力，能够通过理性克制情感和欲望，做出正确的选择。

休谟对此的回答是，这只是表面上看起来如此。实际上，“情感永远不能被理性所驯服，而只能被另一种情感控制。”那些相信理性能够克制激情的人，实际上处于一种错觉之中。他们没有意识到，所谓的理性克制激情，实际上是某种激情战胜了另一种激情。温和的激情遏制了强烈的暴烈激情，或者暴烈的激情克服了温和的激情。因此，所谓的“理性与激情的斗争”，实际上是不同激情之间的较量。

既然理性无法驱使我们行动，并且总是被激情打败，那理性是不是完全没有用呢?

休谟对此会说，绝不是如此。休谟否认的只是理性能够激发我们行动的能力，而不是理性在行为中的重要性。理性确实在行为中发挥着重要作用，它的功能在于帮助我们理解目标并选择实现目标的手段。理性就像一张地图，地图不会告诉你想去哪里，只有当你已经决定目的地时，地图才能帮助你找到最佳的路径。因此，你的目标是由激情决定的，而理性则帮助你判断该目标是否值得追求，并找到实现目标的最优途径。

## 【大卫 · 休谟经典语录】

1. “理性是且应当是激情的奴隶，除了服务和服从激情之外，不能有任何其他的职务。”

——《人性论》

2. “习惯是人生的伟大指导者。”

——《人性论》

3. “因果关系并非基于理性，而是基于经验的习惯。”

——《人类理解研究》

4. “世界上没有任何观念是先天具备的，所有观念都来自于感官经验。”

——《人类理解研究》

5. “在推理和推断之外，所有的信念不过是内心的感受。”

——《人性论》

6. “美德和恶德在本质上并不在于行为本身，而在于我们对行为的感情反应。”

——《人性论》

7. “人类知识的极限就在于我们所能观察的经验事物。”

——《人类理解研究》

8. “无法通过经验证实的观念，都是无意义的。”

——《人类理解研究》

9. “即便我们完全依赖理性，我们也不能从因果推理中获得任何必然性。”

——《人性论》

10. “没有任何逻辑或理性能证明未来将像过去那样发生。”

——《人类理解研究》

# 第八章　康德：自律即自由

自律即自由。

——伊曼努尔·康德

## 康德其人

伊曼努尔·康德（Immanuel Kant，1724—1804），德国古典哲学创始人，被誉为继苏格拉底、柏拉图和亚里士多德之后，西方最有影响力的哲学家之一。

德国古典哲学创始人

康德的思想推动了人类理性的觉醒和进步

三大著作构建批判哲学体系

《纯粹理性批判》
《实践理性批判》
《判断力批判》

“我是孤独的，
我是自由的，
我是自己的帝王！”

星云说创立者，对天文学的发展做出了重要贡献。

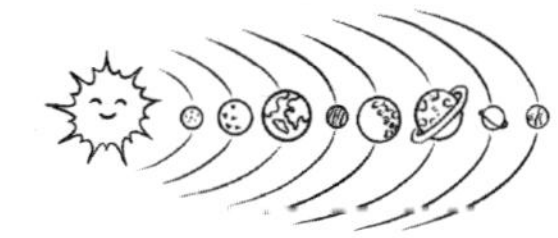

单调刻板，每天的生活一成不变

康德主要关注的问题是认识论问题，提出理性的三个问题。

**“我能够知道什么？”**

**“我应当做什么？”**

**“我可以希望什么？”**

康德的认识论被誉为哲学界的“哥白尼式革命”。就像哥白尼用日心说取代地心说一样，康德的理论标志着哲学研究的重心从本体论转向了认识论。他的代表作是著名的“三大批判”：即《纯粹理性批判》《实践理性批判》和《判断力批判》。

除了他深邃的哲学思想，康德那规律而朴实的生活方式也常为人称道。据多方记载，康德终生未婚，生活极为规律，甚至当地居民常以他每天下午散步的时间来校准钟表。康德每天必定在下午三点半外出散步，唯一的一次例外是他因沉迷于阅读卢梭的《爱弥儿》而错过了散步时间。

德国著名诗人海因里希·海涅（Heinrich Heine）曾这样评价康德的一生：“记述康德的传记是困难的。为什么呢？因为他没有所谓的生活，也没有什么重大事件。他在柯尼斯堡偏僻的小路上，过着机械而有规律的几乎是抽象的独身生活。……他的日常生活与他那颠覆世界的思想形成了奇妙的对照！……作为思想界的伟大破坏者，康德在思想领域中引发的恐惧远超罗伯斯庇尔。”

此外，康德对自然科学的热爱和探索同样令人叹服。他不仅对天文学充满热情，还提出了“康德 - 拉普拉斯星云假说”这一现代天体演化理论，并撰写了《自然通史和天体论》一书。康德同时精通数学、理论物理学、力学、逻辑学和自然地理学。他曾说：“有两样东西，越是经常而持久地对它们进行反复思考，它们就越是让心灵充满日益深厚的惊奇与敬畏：我头上的星空和我心中的道德律。”康德对知识的热爱与对真理的不懈追求，正是这句话的最佳注脚。

## ｜超时空采访｜

问题一

康德老师，听说您的生活极其规律，每天的生活一成不变，雷打不动。

是的，秩序与规律是理性生活的基础。
康德

难道就没有意外吗？

有，当我阅读卢梭的《爱弥儿》时，这书简直太好看了，习惯都给我打破了。
康德


康德的一生都保持着高度规律化的作息时间，学习、工作与日常生活都是如此。不过也有例外，据说康德在阅读《爱弥儿》时，

便打破了十几年雷打不动的散步习惯，充分说明了《爱弥儿》这部著作的重要地位。

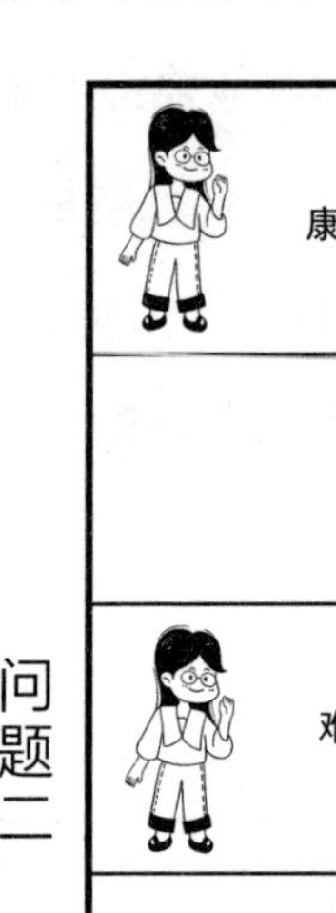

问题二
康德老师，听说您终生未婚，您是如何看待婚姻的？

哲学就是我最好的伴侣。
康德

难道您就一点儿想法也没有吗？

也不是，对于家庭和婚姻我也有过向往，但是在追求真理和智慧的道路上，个人的孤独与自由同样重要。
康德

就您这么怪，估计找媳妇也不容易。

## 绝对律令

绝对律令：道德行为的最高原则。它由“绝对”（categorical）和“律令”（imperative）两个部分组成。“绝对”意味着客观、理性必然且无条件，与个人喜好或意愿无关；而“律令”则表示命令。绝对律令是一系列客观的、理性必然的道德命令，无论人们的欲望或偏好如何，都必须无条件遵守。正如康德所言：“一个道德命题是否为真，与行动者的感受无关。”

绝对律令的基本准则包括三条：

第一准则：

只依据那些你可以同时愿意它成为普遍法则的准则行动。（普遍性原则）

解释：一个行动的原则，只有当它可以普遍适用于所有人时，才是道德的。例如，“不能撒谎”之所以是道德的，是因为如果所有人都撒谎，人与人之间的信任和沟通将不复存在。

第二准则：

行动时，无论是对自己或他人，绝对不能仅将其视为手段，而必须同时视为目的。（人性原则）

解释：第二准则是从第一准则推导而来的。如果每个人都只将自己或他人视为达到某个目的的工具，自尊和尊重将不再存在。因为如果人们只从自己的立场看待自由意志而忽视他人的自由和权利，那么自由作为普遍原则将无法维持。

第二准则：

因此，每一个理性存在者都必须通过他的准则表现出来，他总是作为一个普遍领域的立法者。（自主自律原则）

解释：每个人都是理性的存在者，这意味着他始终依据自己的自由意志做出选择。而自由意志是道德行为的唯一选择，因此他总是依据自己的理性和道德判断行动。从这个意义上说，人是自由的，同时也是道德立法者。

## 自律即自由

和休谟一样，康德也对行为动机的问题充满兴趣。人们行动的动机是什么？人们应该如何行动？这些问题虽然古老，但康德的回答却独具一格。

让我们先回顾一下 18 世纪苏格兰哲学家大卫·休谟的观点。正如我们在上一章中提到的，休谟认为“理性是激情的奴隶”。在人们的行动中，动机并非源自理性，而是源于激情。举个例子，海因斯在路边看到一只饿得肚子咕咕叫的流浪猫，出于同情心，她可能会拿出食物去喂它。如果她并不是爱猫人士，尽管理性上她知道应该帮助这只猫，这样的理性判断却无法激发她的行动。

康德对此持不同意见。他认为，如果所有的行动都仅仅源于激情，那么人类将无法自由地决定任何事情。因为激情是变动不居的，不能为行为提供稳定的依据。昨天，海因斯可能因为同情心帮助了流浪猫，但今天，她的同情心可能由于某些原因大打折扣，从而不愿再帮助这只猫。

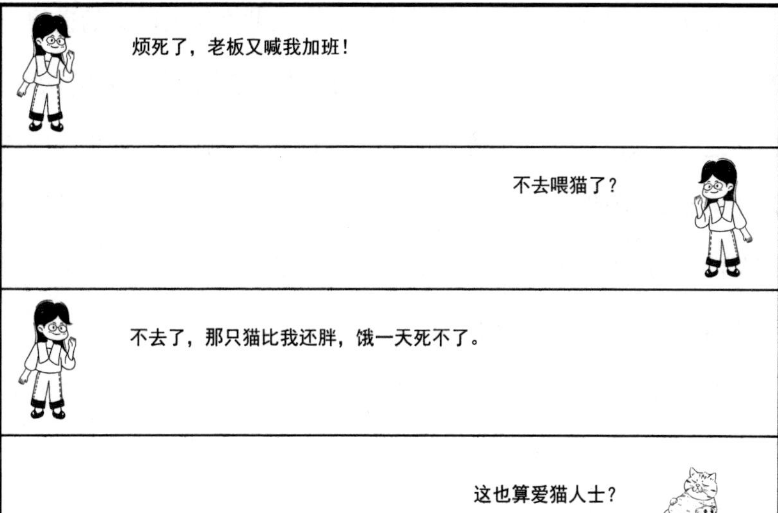

烦死了，老板又喊我加班！
不去喂猫了？
不去了，那只猫比我还胖，饿一天死不了。
这也算爱猫人士？

一个仅仅出于不稳定激情行动的人，是受欲望的支配而行动的人，他既无法对他人负责，也无法对自己负责。例如，一个人严重超重，已经影响到健康。尽管医生建议他控制糖分摄入，但他仍然无法抵制对甜食的渴望，每天大量摄入糖分。康德认为，

这样的人并不具备自律，因为他无法依据理性行事，而是被欲望所支配。

康德希望为道德行为提供一个可靠的基础。经过深思熟虑，他找到了这个基础：人是理性的存在者。从这一点出发，康德构建了他的道德法则。其中，最基本的道德法则是绝对律令。

绝对律令的第一条是：你应当只依据那些你可以同时愿意它成为普遍法则的准则行事。这意味着，只有某些个别人同意的道德判断是不可靠的。真正的道德行为必须得到所有理性存在者的认可，换言之，道德行为的准则必须具有普遍性。举个例子，如果海因斯认为撒谎无所谓，并根据自己的理性和意志制定了“偶尔可以撒谎”的行为准则，康德会认为这是不自律的行为。因为这样的准则无法得到所有理性存在者的同意。

在生活中，有些行为看似拥有“自律”的外表，实则并非真正的自律。我们先来看这个例子：海因斯每天早上五点起床去操场跑步。问题：该行为是自律的吗？这个行为看起来很自律。但康德认为的自律，是指一个理性人出于他自己的理性和意志，自主地制定并遵守道德法则，而不是出于外部的压力或自利的动机。

所以，例子中“海因斯每天早上五点起床去操场跑步”是否自律，还要看行为的动机是什么。如果海因斯出于她自己的理性和意志认为早起跑步有利于健康，从而选择早起跑步，那么这是自律的行为。如果海因斯是因为体育老师的要求而早起跑步，而她内心并不愿意，这就是他律的行为。

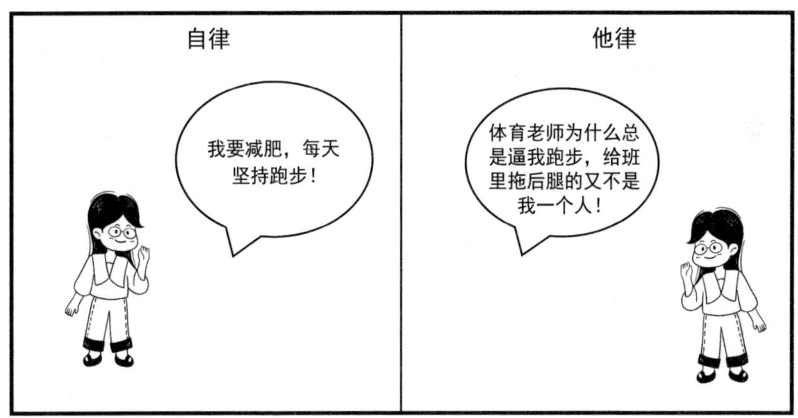


自律和他律的根本区别在于行为是否出于行动者自己的理性和自由意志。康德发现，很多行为看似自律，实际上只是他律。那些为了满足外在标准或他人的期望的行动，比如为了满足父母的期待而读书，或为了追求社会的审美标准而减肥，这些行为都只是他律的行为。

只有真正的自律才能带来真正的自由。换句话说，自律即自由。一个真正自由的人，就是运用他的理性和自由意志，为自己制订计划并积极付诸行动的人。

## 【康德经典语录】

1.“有两样东西，我对它们的思考越是深沉和持久，它们在我心中的敬畏与惊叹就越发增强：头上的星空和内心的道德律。”

——《实践理性批判》

2.“敢于认识！（Sapere Aude！）这就是启蒙运动的口号。”

——《什么是启蒙？》

3.“人应当永远被视为目的，而决不能仅仅作为手段。”

——《道德形而上学》

4.“理性不为其自身设立任何目标，理性唯一的任务是揭示目的应当如何通过自由选择的手段来实现。”

——《纯粹理性批判》

5.“我们不能认识事物本身，而只能认识它们在我们感官中的表现。”

——《纯粹理性批判》

6.“自由意志是道德行为的前提。”

——《实践理性批判》

7.“不可妥协的道德律要求我们不论结果如何都必须做正确的事情。”

——《道德形而上学》

8.“行为应当遵循一个原则，这个原则可以成为普遍法则。”

——《道德形而上学》

9. “启蒙即是人类脱离其自我招致的依赖状态。”

——《什么是启蒙？》

10. “没有先验的概念，我们无法理解经验；但没有经验，先验的概念也无法应用。”

——《纯粹理性批判》

# 第九章　叔本华：人生就像钟摆一样，在痛苦和无聊之间左右摇摆

人生就像钟摆一样，在痛苦和无聊之间左右摇摆。

——亚瑟·叔本华

## 叔本华其人

亚瑟·叔本华（Arthur Schopenhauer，1788—1860），德国哲学家，以悲观主义哲学闻名，开创了唯意志论。他认为世界的本质是盲目的意志，而人类痛苦正是源于无法满足的欲望与追求。叔本华成名较晚，尽管《作为意志和表象的世界》是他的代表作，但他真正为大众熟知的是通过《附录与补遗》一书，其中包含了大量影响深远的名言，如“要么孤独，要么庸俗”。

叔本华的性格极其复杂。他对人类充满厌恶，却对动物关爱有加，尤其是他的宠物狗。据传，他曾在公园里对着小狗大骂人性的丑陋，结果被路人误认为精神失常。此外，他的发型狂野，衣着过时，外表与其深刻的哲学思想形成了鲜明对比。

叔本华的悲观主义哲学对后世产生了深远影响，尤其是尼采、弗洛伊德、托尔斯泰等人。他认为人生充满痛苦，只有通过艺术、审美或禁欲才能摆脱欲望的束缚，获得内心的平静。这种对生命痛苦的深刻洞察，使他成为西方哲学史上一位不可忽视的重要思想家。

## 生命意志

意志（德语：Wille）是世界的本质和根本动力。叔本华认为，意志不仅仅是人类的生命驱动力，它还驱动着所有生物和自然现象，是普遍存在的。“世界是意志的自我认知。”他在《作为意志和表象的世界》中指出：“意志，作为每一个个体事物以及整体的内在本质和核心，仅在我们自身身体的意志现象中为我们所知。”换言之，意志是一种盲目、无意识、无理性的力量，它支配着一切。

对于人类而言，生命意志表现为欲求，人类无法停止意志的活动，因此也无法停止对各种欲望的追求。然而，这种无尽的欲求往往无法满足，进而带来痛苦。正如叔本华所言：“所有的意志都源于匮乏，源于缺失，因此源于痛苦。”在他看来，意志是人类痛苦的根源，因为人们永远无法彻底满足所有欲望。

意志是一种不可克服的力量，人的每一个行为和行动都是意志的体现。叔本华通过身体与意志的关系来说明这一点：“整个身体不是别的，而是客体化了的，即已经成为表象的意志。”这意味着我们的身体、行为与生命的根本动力——意志密不可分，而我们的行动正是意志通过身体表现出来的方式。

## 悲观主义：人生就像钟摆一样，在痛苦和无聊之间左右摇摆

每个人对世界都有一种看法，这就是他们的世界观。比如，科学家相信物理世界就是它向我们展示的样子，他们通常不会像哲学家那样深入思考世界的本质和真理。科学家关注的是可观察和验证的现象，而对于世界是否有某种“本质”，他们并不常加以探究。

哲学家则不同，他们对世界本质的思考并非随意的或毫无依据，而是基于一套严密的逻辑体系。作为哲学家的叔本华，他的悲观主义人生观正是从对世界本质的深入思考中发展出来的。

在研读康德及其他哲学家的著作后，叔本华提出了自己独特的观点：世界分为两个部分——一部分是作为表象的世界，另一部分是作为意志的世界。表象的世界就是我们通过感官体验到的世界，这一部分较为直观，容易理解。而较难理解的部分是作为意志的世界。

可以这样来想象：世界就像一座漂浮在海洋上的巨大冰山。我们看到的冰山露出水面的部分，就是“表象的世界”，它是我们通过感知所能认识的。然而，冰山更大、更隐秘的部分隐藏在水面之下，这正是“作为意志的世界”——它象征着世界背后的本质与根本动力。我们无法直接看到或感知它，但它无形中主导着表象世界的存在与变化。

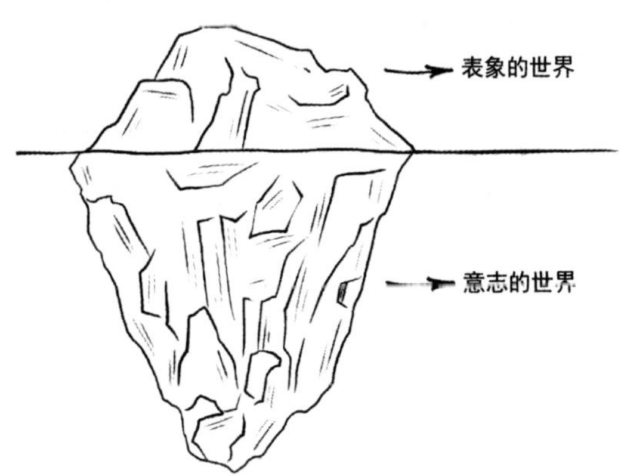


众所周知，冰山水面下的部分通常比水面上的部分更为庞大。对于叔本华而言，“作为意志的世界”就像这隐藏的巨大冰山，它

驱动并决定着“作为表象的世界”。在他看来，意志的力量远超我们感知的世界表象，它是生命活动的根本动力。

了解了意志的盲目和无理性这一特点后，叔本华顺理成章地将痛苦的根源归结于意志。因为意志所驱动的欲望是无止境的，一旦一个欲望得到满足，新的欲望立即涌现。人类因此永远徘徊在追求欲望满足的道路上，而这条道路永无止境。

这种无休止的追逐，正是痛苦的来源。叔本华认为，人的生活状态就是在不断的欲望与痛苦之间徘徊，没有终点，没有真正的满足。

生命就是一团欲望。

叔本华老师，您说得没错。我的欲望就层出不穷，我想开豪车，想住大别墅，还想买买买！

欲望得到满足之后，你就会感到无聊；欲望得不到满足，你就会痛苦。但我估计你并不会无聊。

为啥？为啥？难道我已经超越了欲望！

因为你的欲望太贵了！

叔本华说：“生命就是一团欲望，欲望得到了满足就会无聊，欲望得不到满足就会痛苦。人生就像钟摆一样，在痛苦和无聊之间左右摇摆。”

无聊
痛苦
凭什么我总是向右摇摆！

生活的本质是痛苦和无聊的交替，心灵时刻处于冲突中，世界是一团暴力。那么，有没有逃离这种暴力，缓解生活的痛苦和无聊

既然痛苦无法避免，今晚就不减肥了！

的方法呢？叔本华认为，艺术、哲学和道德的生活能帮助我们缓解痛苦。但痛苦无法从根本上加以解决，它会一直存在，与我们的生命同行。

痛苦时刻困扰着我们的心灵。为了获得心灵的宁静，叔本华提出了三种方法：

第一招：通过艺术忘掉自我

艺术能够让我们暂时超脱烦恼，忘却自我。无论是一幅美丽的画作、一首悠扬的乐曲，还是一座优美的雕塑，艺术的审美体验能让我们短暂地摆脱日常生活中的痛苦。比如，当你站在《蒙娜丽莎的微笑》面前，专注于她神秘的笑容时，你的内心会暂时与现实的纷扰隔离。而忘却自我，正是超越痛苦的第一步。

第二招：通过美德减少欲望

叔本华认为，同情心是缓解痛苦的重要美德。通过同情，我们认识到所有人其实只是单一意志的不同表现形式。折磨者与受折磨者的区别只是虚幻的，事实上，每个人的痛苦本质上是相通的，因为我们都承受着人类共同的苦难。通过培养同情心，我们减少了欲望对我们的束缚，进而减轻了痛苦。

第三招：通过禁欲获得平静

叔本华认为，尽管艺术和美德能够暂时缓解痛苦，但它们无法根除痛苦的根源。当我们洞悉了世界的真相，就会对人类无休止的欲望和挣扎感到厌倦。禁欲主义则是对生命意志的否定，它是一种主动放弃欲望的生活态度。禁欲者通过放弃追求、接受命运、无欲无求，获得了一种内心的宁静。这种心态有点类似于现代流行的“躺平”概念，伴随着的是精神上的平和与安宁。

## 只有两种生活方式：要么孤独，要么庸俗

既然痛苦无法根本摆脱，生活的唯一选择便是竭力追求内心的平静。那么，内心的平静在哪里？是在喧嚣的人群中，还是在独处时？叔本华通过独处和思考发现了孤独的价值。他认为：“孤独是一种高贵的状态。在孤独中，我能够专注于自我提升、思考和创

造，避免被平庸与世俗的欲望干扰。”

然而，沉思片刻后，叔本华意识到并非所有人都享受孤独。相反，许多人为了逃避孤独，追求世俗的社交和表面的人际关系，结果陷入平庸与琐碎之中。这些人看似享受社交的热闹与欢愉，但叔本华并不认为他们的快乐是真正的快乐。他相信：“他们表面上看起来热闹非凡，但内心可能充满了空虚与迷失。”

经过一番深思，叔本华得出了一个令他倍感悲观的结论：“人生充满了痛苦，生活是不值得过的。”也正因为这种看法，叔本华经常被贴上“悲观主义哲学家”的标签。

老师，看来您很享受孤独啊？

是的。海因斯，你也认同我吗？

我就是一个俗人，我还是去听演唱会吧。

你不是真的感到快乐！

## 【叔本华经典语录】

1. “人生实质上是一种痛苦，意志是痛苦的根源。”

——《作为意志和表象的世界》

2. “一切欲望的满足都只不过是新的痛苦的起点。”

——《作为意志和表象的世界》

3. “人类的生命像钟摆，在痛苦与无聊之间来回摆动。”

——《作为意志和表象的世界》

4. “幸福不过是痛苦的短暂中断。”

——《作为意志和表象的世界》

5. “对于一个人来说，生活的最大的智慧就是学会忍耐和克制欲望。”

——《附录与补遗》

6. “我们所看到的世界只是我们头脑中的表象。”

——《作为意志和表象的世界》

7. “人只能通过艺术，特别是音乐，暂时摆脱意志的桎梏，获得一种超越痛苦的美的体验。”

——《作为意志和表象的世界》

8. “我们越是独立自主，就越少依赖他人，也就越接近真正的自由。”

——《附录与补遗》

9. “人们在年轻时充满希望，但大多数在很短的时间内就被庸常生活所吞噬。”

——《附录与补遗》

10. “谁能摆脱人类社会的种种要求，谁就能免于庸俗的折磨。”

——《附录与补遗》

# 第十章　密尔：“宁做痛苦的苏格拉底，也不做快乐的猪。”

做一个不满足的人，胜过做一只满足的猪。

——约翰·斯图尔特·密尔

## 密尔其人

约翰·斯图尔特·密尔（John Stuart Mill，1806—1873），是英国著名的哲学家、政治学家和经济学家。他在政治和哲学上的成就与其父亲詹姆斯·密尔的严苛教育密不可分。密尔从三岁起开始学习希腊文，八岁时已掌握代数、几何和拉丁文，九岁时便通读了希腊历史学家的重要著作。

在《自传》中，密尔强调了早期教育的重要性。他认为，只要经过适当的训练，儿童在成长初期能够吸收和理解的知识远超一般人的想象。他自称并非天才，但得益于这种训练，他也具备了高度的思辨能力。

密尔一生致力于为自由主义辩护，并撰写了《论自由》和《代议制政府》等重要著作。此外，密尔在那个时代是少有的支持妇女权益的男性哲学家。在《论妇女的屈从地位》一书中，他主张赋予女性选举权和离婚权，认为只有这样才能解放妇女，摆脱她们在婚姻中所遭受的压迫。

密尔的人生

· 没上过学，他爹觉得自己比学校教得好，事实的确如此，甩同龄人xx条街。

· 父亲是功利主义哲学家詹姆斯·密尔。

· 密尔小时候没有玩具，没有朋友，没有享受过一天假期，每天只有按部就班地学习。

· 1826年，密尔终于崩溃了，这场心理危机持续了两年。

对传教不感兴趣，选择当作家，以写书为生。

代表作《论自由》，被誉为“自由主义之圣”。

人生中的重要对话者
父亲：詹姆斯·密尔
恋人：哈莉耶特·泰勒
继女：海伦·泰勒（哈莉耶特之女）

## | 超时空采访 |

非凡的人物都成长于非凡的环境中，密尔老师，听说您的童年便是成长于严苛的教育环境之下？

没错，你们北京海淀的娃跟我比起来，过得太轻松了！

密尔

密尔的父亲詹姆斯·密尔是苏格兰哲学家和历史学家，对密尔进行了极其严格的教养和教育。在极为严苛的教育环境下，密尔从三岁开始学习希腊语，八岁时已经能够阅读伊索的《寓言》、色诺芬的《阿那巴斯》等著作，并掌握了拉丁文、代数和欧几里得几何学。到十岁时，密尔已经能够阅读柏拉图和狄摩西尼等哲学家的作品，熟悉当时学校和大学里常见的所有拉丁文和希腊文作家。这种早熟的教育经历为密尔日后的学术成就奠定了坚实的基础。

## 功利主义：最大幸福原理

功利主义（Utilitarianism），有时也被称为效益主义，最早由英国哲学家杰里米·边沁（Jeremy Bentham）提出。约翰·斯图尔特·密尔追随并修正了边沁的这一学说。本文首先介绍边沁的观点，密尔的贡献将在后文讨论。

边沁是一个极为关心社会公正的人，他目睹了英国法律和道德中的种种不公，深感痛心，决心通过改造传统的道德思维来实现社会的进步。他提出的第一步是为道德找到一个根基：痛苦和快乐。边沁认为：“自然把人类置于两位君主的统治之下：痛苦和快乐。只有它们能够指引我们应该做什么，并决定我们将如何行动。”在他看来，追求快乐、避免痛苦是人类行为的根本驱动力。

然而，边沁意识到，如果每个人都只顾追求自己的快乐而不顾他人，社会将陷入混乱，这与他提倡的社会公正背道而驰。于是，他提出了一个更高的道德原则：幸福不仅限于个人的利益，而应是所有人的幸福，并且幸福不能简单地用外在标准来衡量。边沁认为，一个行为的最高原则应该是追求最大多数人的最大幸福。

总结边沁的功利主义，可以用一句话概括："以最多数人的最大幸福为原则而行动。"

接下来，我们将探讨边沁的继任者——约翰·斯图尔特·密尔，以及他对这一原则的贡献和创新。

## 宁做痛苦的苏格拉底，也不做快乐的猪

在介绍密尔的观点之前，我们先来看一个有趣且与功利主义密切相关的思想实验——电车难题。这个实验最早由英国哲学家菲利帕·福特（Philippa Foot）提出，它巧妙地揭示了功利主义中的道德困境。

试想一个场景：一辆失控的电车正飞速行驶，在前方的轨道上，有 5 个人被绑着，无法逃脱。你站在电车控制台旁，手握可以改变电车行驶方向的操纵杆。眼看电车就要碾过这 5 个人，你可以拉动操纵杆，改变电车的方向。然而，改变方向后，列车将驶向另一条轨道，而这条轨道上也有 1 个人被绑着，无法逃脱。（此时，电车无法停止或倒退，操纵杆只能改变行驶方向。）

于是，你面临两种选择：

1. 什么也不做，让电车继续按照原路线前进，碾过那 5 个人。

2. 拉动操纵杆，使电车改道，碾过另一条轨道上的 1 个人。

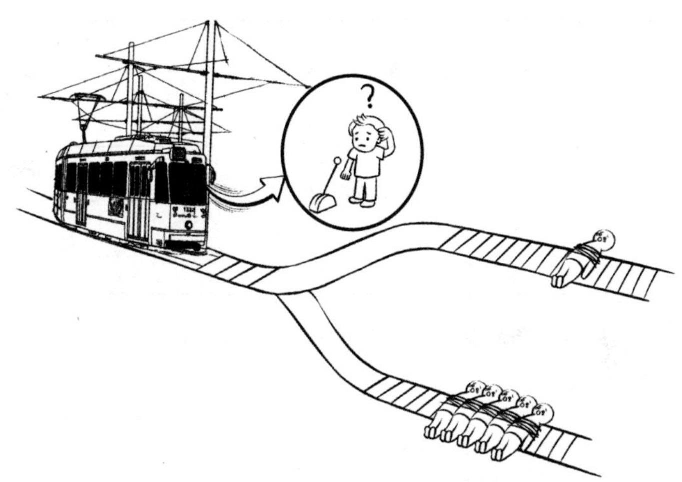

这个场景确实令人感到绝望，但没有逃避的余地，你必须做出选择。假如你是一名功利主义者，你会如何抉择？根据功利主义的核心原则，我们的行为应始终以最大多数人的最大幸福为首要目标。因此，你可能会拉下操纵杆，改变电车行驶方向，让它驶向只有一个人的轨道，救下 5 个人。尽管这一选择牺牲了一个人，但从整体幸福来看，它符合功利主义的逻辑。

然而，如果因此认为功利主义者都是冷酷无情的人，这就有些冤枉了。不妨停下来，看看约翰·斯图尔特·密尔如何定义功利主义。

密尔的功利主义比他的老师边沁更加细致。边沁认为幸福可以用数量来衡量，幸福的区别仅在于程度高低，可以通过"加减乘除"来计算。然而，密尔发现事情并非如此简单。他质疑：喝酒的快乐和阅读的快乐是等同的吗？购买新电子产品的满足感与考上理想学校的成就感可以相比吗？

喝酒的快乐和阅读的快乐是等同的吗？

你是不是学傻了？读书怎么能跟喝酒比？

买新电子产品的快乐和考上心仪学校的快乐是等同的吗？

这个问题要具体分析，如果考上北大还可以，如果是国外八线城市的一般大学，还不如送我一个Pad。

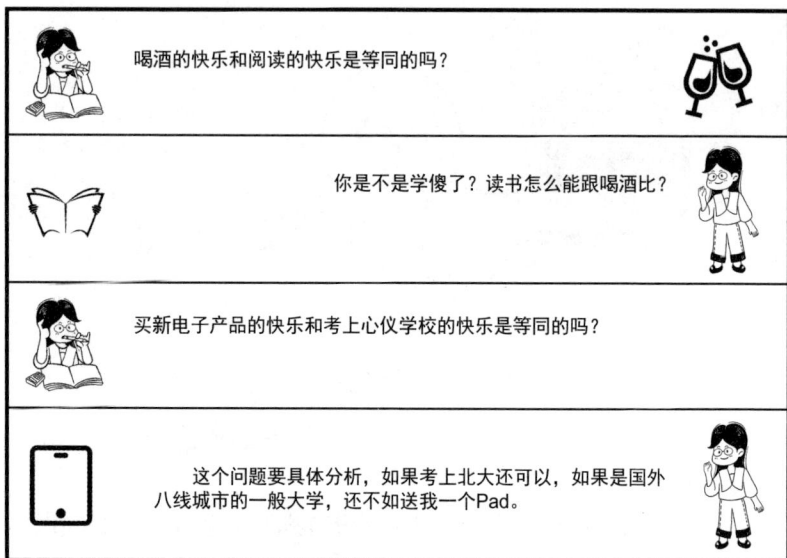

密尔的回答是否定的。他发现，幸福不仅有程度上的区别，还存在种类和性质上的差异。帮助他人带来的幸福比喝醉酒的快乐更有价值，智力活动的愉悦也比单纯的感官享乐更值得追求。密尔认为，高级快乐永远比低级快乐更值得我们去追求，这也是他那句名言的来源：“宁做不满的人类，不做满足的猪；宁做不满的苏格拉底，不做满足的蠢人。若蠢人或猪对此不同意，那是因为他们只看到问题中事关自己的一面。”

然而，密尔也注意到，现实中大多数人往往偏爱低级快乐。一些人觉得下班后去酒吧喝一杯，比起任何智力活动都更令人满足，甚至那些受过高等教育的人也难以抗拒这种感官享乐。那么，如何说服这些人去追求更有价值的高级快乐呢？在经过一番思考后，密尔意识到这种说服是不切实际的。他放弃了这一想法，转而提出通过普遍公意来解决这个问题，主张用"民主决策"的方式，让社会整体做出选择。

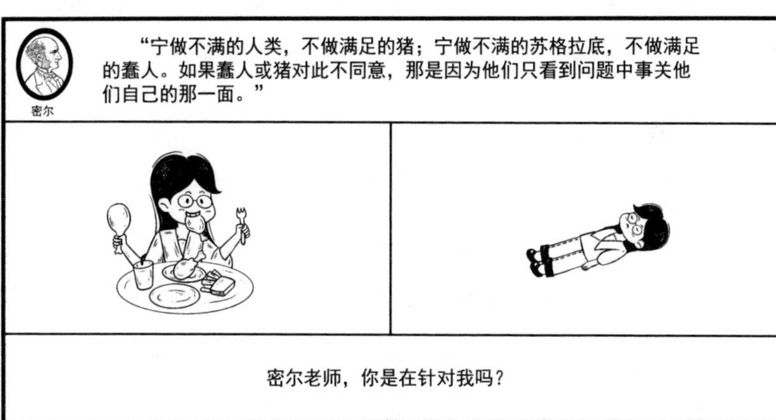
"宁做不满的人类，不做满足的猪；宁做不满的苏格拉底，不做满足的蠢人。如果蠢人或猪对此不同意，那是因为他们只看到问题中事关他们自己的那一面。"
密尔
密尔老师，你是在针对我吗？

密尔认为，一个人的幸福是不够的，必须全体社会的绝大多数人都感到幸福，才值得选择。个体的欲望通常只考虑自身的利益，但当全体人做出选择时，必须把他人的幸福纳入考量。基于这一前提，全体人一致认为能够增加幸福的快乐才是值得追求的。

现在，回到电车难题。这一问题似乎揭示了功利主义的内在缺陷：它过于强调整体的幸福，可能忽略了个体的价值。按照功利主义，幸福具有内在价值，可以通过数量和质量来衡量。但在电车问题中，我们衡量的不是快乐，而是生命。生命能被计算吗？我们是否可以为了追求最大多数人的幸福，牺牲少数人的生命来拯救多数人？读者可以思考这个问题，再回到前一章，重新阅读康德的道德义务论，特别是他的“人性原则”，或许会从中获得新的启发与见解。

#提示1：根据康德的人性原则，人的行动应该永远以人为目的，不能以人为手段。道德行为的出发点应该是道德义务，而不是结果的效益最大化。因此，如果不可杀人是一种道德义务，那么在任何情况下都不能让一个人牺牲，尽管这个牺牲带来的效益是让五个人存活下来。

#提示2：电车问题有许多修改版本，这些修改版本也非常有趣。例如在原始电车难题的基础上修改的“胖子困境”。这个困境的场景与电车难题大致相同，还是同一辆脱轨列车即将碾死五个人，不同的是，你站在月台上，而不是电车内。恰好你身边有一个胖子，你发现他的体型和重量刚好能够堵住前进的电车。问题变成了：你会推他下去，去救那五个人吗？研究者发现，大多数人都不赞成推胖子下去救那五个人。

## 【密尔经典语录】

1. “自由的唯一目的，是防止一个人损害他人，在其余情况下，每个人都对自己身体和思想的行为拥有绝对的主权。”

——《论自由》

2. “一个人即使与全人类意见相左，也无权被噤声，正如即使全人类都反对一个人，也没有权力剥夺他表达意见的自由。”

——《论自由》

3. “人类若要获得幸福，只有两个方式：自由与追求进步。”

——《论自由》

4. “自由的价值在于，它是个人和社会发展的必要条件。”

——《论自由》

5. “自由社会的最大危险是多数的暴政。”

——《论自由》

6. “行为的道德价值取决于它是否能促进最大多数的最大幸福。”

——《功利主义》

7. “妇女和男人一样，天生拥有平等的权利。”

——《妇女的屈从地位》

8. “只有通过思想自由的竞争，真理才有可能浮现。”

——《论自由》

9. “社会的进步要依赖于少数人的创造性和多数人的合作。”

——《代议制政府》

# 第三篇

# 国家与个体

哲学家们不仅关心个人的生活意义，更关注国家与个体之间的关系，以及这一关系如何影响“活得好”。国家的存在是为了保障个人的权利，还是为了实现某种更高的公共利益？在不同的历史背景下，这一问题有着不同的回答。本篇将介绍柏拉图、霍布斯、洛克、卢梭和约翰·罗尔斯这五位哲学家对国家与个体关系的深刻思考。通过他们的理论，我们将探讨国家权力的正当性、社会契约的意义，以及公平与正义的原则，试图理解一个理想的社会如何才能让个体在其中真正实现“活得好”。

# 第十一章　柏拉图：国家是大写的人

不知道自己无知，乃是双倍的无知。

——柏拉图

## 柏拉图其人

柏拉图（Plato，公元前429—公元前347），古希腊哲学家，与苏格拉底和亚里士多德一起被视为西方哲学的奠基者。在28岁时，柏拉图目睹了他的老师苏格拉底被处死，这使他对当时的政治体系感到极度失望，遂离开雅典，开始广泛游历。直到40岁时，柏拉图才回到雅典，并创立了著名的柏拉图学院。这所学院被认为是西方历史上最早的高等学府，也是现代大学的前身。柏拉图学院培养了许多杰出的知识分子，其中最著名的是亚里士多德。

柏拉图的一生充满了传奇与趣闻。他出生于雅典的贵族家庭，传说他的家族是古雅典国王的后裔。柏拉图最初并不叫这个名字，原名为亚里斯多克勒斯（Aristokles）。由于他肩膀宽阔（也包括他那宽大的前额），他的摔跤教练为他取了“柏拉图”（Plato）这一绰号，因为在希腊语中，“Platus”意为“平坦、宽广”。

柏拉图的哲学思想既富有浪漫主义和神秘主义的色彩，同时又具备极强的逻辑分析和抽象思维。人们常常将柏拉图与亚里士多德的哲学进行对比，形象地称柏拉图的哲学为“猫”，而亚里士多德的哲学为“狗”。柏拉图的核心思想是“理念论”，关注的是超越现实的理念世界，犹如一只神秘的猫。亚里士多德则更注重现实世界的研究，类似于一只务实的狗。因此，如果有人问你：“在哲学上，你喜欢猫还是狗？”他们可能是在询问你：“更倾向柏拉图还是亚里士多德？”

希腊三贤之一

原名为亚里斯多克勒斯（Aristocles），意思是取名恰当的（well-named），后来据说是因为宽阔的臂膀而被称为柏拉图。

贵族出身，宣称是古雅典国王的后代

“知识就是美德。”

创办柏拉图学院，西方文明最早的有完整组织的高等学府之一。

精神恋爱的倡导者

著述颇丰，以他名义流传下来的著作有40多篇，另有13封书信。

## | 超时空采访 |

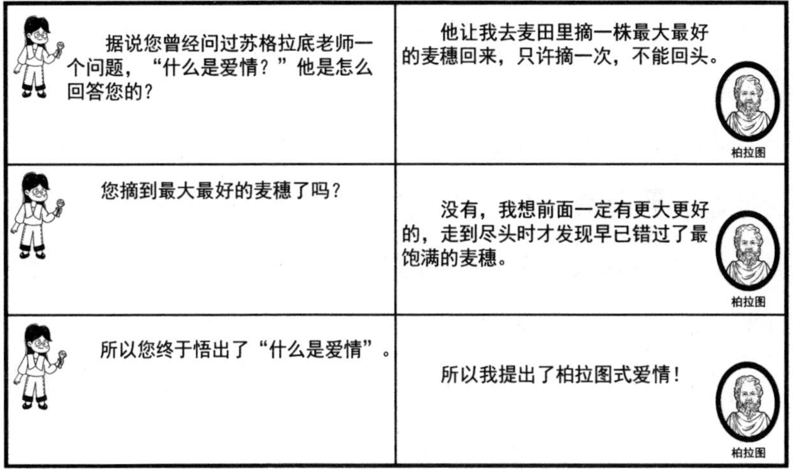

据说您曾经问过苏格拉底老师一个问题，“什么是爱情？”他是怎么回答您的？
他让我去麦田里摘一株最大最好的麦穗回来，只许摘一次，不能回头。
柏拉图
您摘到最大最好的麦穗了吗？
没有，我想前面一定有更大更好的，走到尽头时才发现早已错过了最饱满的麦穗。
柏拉图
所以您终于悟出了“什么是爱情”。
所以我提出了柏拉图式爱情！
柏拉图

采访根据网上流传的故事改编。

据说柏拉图询问苏格拉底什么是爱情的故事，在多个文献和资料中都有记载。大意是，苏格拉底通过让柏拉图进行一系列的实践活动（如到麦田摘麦穗、到树林砍树等），来引导他理解爱情和婚姻的本质。

柏拉图在每次活动中都因为追求完美而犹豫不决，最终错过了最好的选择，从而体会到了爱情和婚姻中的某些真谛。

### 理念论

人们常说“眼见为实”，通常认为眼睛看到的东西是真实的。这是真的吗？早在两千多年前，在地中海沿岸的古希腊有一位著名的哲学家，他的名字叫柏拉图。这位哲学家的影响深远，以至于西方哲学界流传着一句名言：“西方两千年的哲学史，不过是柏拉图的注脚。”虽然柏拉图不是第一位哲学家，但他却奠定了西方哲学的基础。

柏拉图对“眼见为实”提出了质疑，他认为所见未必是真。他通过著名的“洞穴比喻”引发人们对这一观点的深入思考。设想你是一个生活在洞穴中的囚徒，手脚被束缚，不能转头，只能看到面前的墙壁，而无法知晓身后发生的一切。在你背后的墙外，有一堆熊熊燃烧的火，还有一些人拿着各种物体在来回走动。你所能看到的只是火光将这些物体的影子投射在你面前的墙上。

柏拉图认为，我们每个人都像囚徒，只能看到物体的影子，却误以为看到了真实的世界。正如影子是物体的投影，囚徒所见的世界不过是真实世界的幻象。

那么，什么才是真实的世界呢？柏拉图认为，真正的世界是“理念世界”。理念是完美且永恒的，它是现实世界中事物的完美原型。柏拉图将理念世界比作一个完美的博物馆，陈列着所有事物的完美范本。例如，存在一片完美的“树叶”，它永远不会腐烂或损坏。现实世界中的树叶不过是这片“完美树叶”——也就是“理念树叶”的模仿和复制品，其本质远不及原型。

## 国家是大写的人

柏拉图对他所见的世界并不信任，不仅质疑“眼见为实”，还认为所有现实中的国家都是不完美的。在他的心中，存在一个完美的国家——一个理想社会的乌托邦。因此，柏拉图踏上了对理想国的探索之旅。

柏拉图首先思考，理想国的存在意义是什么？是为了个人的幸福，还是为了它自身的存在？他认为，个人的幸福高于国家的幸福，国家只是为了使个人生活更完善的工具，而不是最终目的。

我们也可以思考，如果国家只是为了它自身的存在，那么它会变成什么样子？例如历史上的军国主义国家，在这些国家中，一切以国家利益为优先，个人的幸福往往会被牺牲，以满足国家征服与扩张的目标。

柏拉图进一步思索，为了个体幸福而存在的国家应如何组织？他提出了一个著名的类比：国家的结构应反映灵魂的结构，即“国家与个体灵魂的相似性”。人们因此用“国家是放大的个人”来概括柏拉图的这一观点。

接下来，让我们看看柏拉图如何依照“国家是放大的个人”的原则来设计国家。

在他的理想国中，存在三个阶层，从高到低分别是：

- 统治者（哲学王）：代表智慧和理性，对应灵魂中的理性部分；

- 卫士（战士）：负责保卫国家，象征勇敢和意志力，对应灵魂中的激情部分；

- 生产者（工匠、农民）：代表欲望和物质需求，对应灵魂中的欲望部分。

“哲学王”（philosopher-king）是柏拉图的理想国构想中最精彩的部分，柏拉图说：“除非哲学家在国家中取得王权，或者是现在称为国王和君主的人具有足够的真正哲学方面的修养，那就是说，除非政权和哲学融合于一身……否则城邦就不会得救，何况全人类。”

让哲学家做王，或者让王成为哲学家，这简直前所未闻！

还记得前面说过吗？柏拉图认为国家的任务和目的是实现德性和幸福，只有哲学家拥有对德性和幸福的知识。试问一个不具有德性和幸福的知识的人，怎么能够教育好国民，管理好国家呢？

到了这里，理想国的构建似乎已“万事俱备，只欠东风”。柏拉图接着思考，一个完美的国家必须是正义的。那么，如何才能实现正义呢？

柏拉图认为，国家的三个阶层各司其职，不逾越自己的职责，不懈怠尽责，国家便能够实现正义与和谐。至此，一个完美的理想国的雏形终于成形。

总之，柏拉图的理想国包含了许多深刻的哲学思考，如“洞穴寓言”“哲学王”、正义的理念，以及“我们所见的只是影像”等洞见。这些思想不仅对哲学和政治理论产生了深远的影响，也是探讨人性、理性与社会建构的经典之作。

柏拉图的“理想国”概念中还包含了许多颇具争议和前卫的想法。例如，他将国家视为一个“大家庭”，反对私有财产和一夫一妻制，主张在上层两个阶级中实行财产与家庭共享。尽管这些设想在现实社会中几乎难以实现，但它们对后世影响深远。我们在许多科幻小说和电影中都能看到柏拉图思想的影子，例如阿道司·赫胥黎的《美丽新世界》以及电影《黑客帝国》等作品。

## 【柏拉图经典语录】

1.“不知道自己的无知，乃是双倍的无知！”

——《理想国》

2.“最好的政体是由哲学家来治理的，因为只有他们能够真正洞悉善的本质。”

——《理想国》

3.“正义就是每个人都做自己最擅长的事，不干涉他人的职责。”

——《理想国》

4.“人类社会的最大问题在于，无知的人总是渴望权力，而有智慧的人却不愿意统治。”

——《理想国》

5.“如果不追求善，民主将导致暴民统治，最恶劣的人将掌握权力。”

——《理想国》

6.“教育是最根本的政治工具，因为只有通过正确的教育，才能培养出有德行的公民。”

——《法律篇》

7. 真正的知识不是通过感官获得的，而是通过心灵的思辨得来的。”

——《理想国》

8.“哲学始于惊奇。”

——《泰阿泰德》

9. “爱是一种对美的追求，最终通向对真理的渴望。”

——《会饮》

10. “死亡不过是灵魂从肉体的桎梏中解放出来，回归永恒的真理世界。”

——《斐多》

希腊雅典学院柏拉图雕像

# 第十二章　霍布斯：自然状态是一切人对一切人的战争状态

生命本质上即是运动，既不可无欲，亦不可无惧。而幸福则在于欲望不断地从一个目标延续到另一个目标的过程之中。

——托马斯·霍布斯

## 霍布斯其人

托马斯·霍布斯（Thomas Hobbes，1588—1679），英国哲学家，生于欧洲战乱频发的时期。据传，他的母亲在听闻西班牙无敌舰队即将入侵英格兰时惊吓分娩，霍布斯曾幽默地说："我母亲怀的是双胞胎，我那位不幸的兄弟就是恐惧。"霍布斯亲历了英国内战，目睹了超过 20 万人在战争中丧生。他的父亲因与牧师发生冲突而被迫逃亡。这些经历或许塑造了霍布斯对人性深刻的悲观主义看法，他认为人性的本质是掠夺、贪婪，且人天生好战。

霍布斯的国家起源理论（即社会契约论）受此影响，认为人类为了避免自然状态中的恐怖局面，自愿缔结契约，建立国家。国家是人为创造的“恐怖机器”，其职责是保障人民的安全和权利，并拥有至高的权威。霍布斯主张，人民应当对君主保持绝对的忠诚。他的政治哲学主要体现在《利维坦》一书中，部分观点也见于《论公民》。

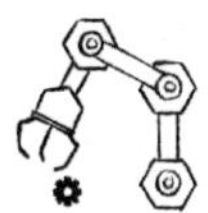

机械唯物主义创始人，创立了机械唯物主义的完整体系，指出宇宙是所有机械地运动着的广延物体的总和。

《利维坦》是托马斯·霍布斯的代表作，详细阐明了社会契约论，为后来的政治哲学发展奠定了基础。

1679年，霍布斯在英国去世，享年92岁。
霍布斯生性恐惧、谨慎和偏执，这可能是他长寿的原因。

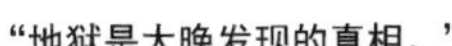

“地狱是太晚发现的真相。”

## | 超时空采访 |

霍布斯老师，请问人类为什么需要国家？一个人自由自在生活岂不是逍遥自在？

任何无政府的社会，人们既不能抵挡外来侵略，也无力惩罚暴力犯罪，所有人都活在一个弱肉强食的丛林世界。在这样的世界，你能逍遥多久？

您能描述一下“丛林世界”吗？

这是一种“所有人反对所有人的战争状态”：社会充斥着“猜疑、掠夺、欺诈、凌辱和谋杀”，生活在其中的人们“孤独、贫困、卑污、残忍且短寿”。

太可怕了！对于人类来说，秩序真的非常重要。

霍布斯对人性持悲观态度，认为人的本性是自私自利的，追求权力和自我保护。在丛林状态下，人们为了争夺有限的资源，会形成“所有人对所有人的战争”状态。

为了避免这种混乱状况，霍布斯提出了社会契约论，通过契约形成政府，将权力委托给一个集中的统治者（即君主），以维持社会秩序和和平。

### 社会契约和“利维坦”

社会契约（social contract）是一种用于解释国家起源和性质的政治学与伦理学理论。该理论主张，国家源自人与人之间自愿的权利转让，而这一转让形成了被称为“社会契约”的条约。国家的合法性建立在集体同意的基础上，即每个人同意遵守共同制定的规则，承担相应的义务，其目的在于保护自己和他人免受暴力的伤害。虽然霍布斯并非唯一提出社会契约理论的哲学家，但他是这一思想最著名的倡导者之一。与霍布斯齐名的社会契约论哲学家还包括约翰·洛克和让-雅克·卢梭。

“利维坦”（Leviathan）在希伯来语中意为“漩涡”或“扭曲”，最初指《圣经》中的一种怪物，其形象为“缠绕的蛇”或“扭曲的蛇”，后来成为大海怪的象征。在霍布斯的著作《利维坦》中，“利维坦”象征着强大的君主，代表国家权力的集中与绝对性。

## 自然状态是一切人对一切人的战争状态

哲学史上有许多著名的思想实验，这些实验类似于科学领域的假设，通过设定一个假想场景，逻辑推导出关于现实世界的原则。现在，我们来探讨政治哲学中最著名的思想实验之一：社会契约论。

虽然在霍布斯之前就有人提出过社会契约的思想，但霍布斯是首位对这一理论进行详细阐述的现代哲学家。霍布斯生活在16至17世纪，即从中世纪向启蒙时代过渡的时期。与所有启蒙哲学家一样，霍布斯倡导人的自由、平等与权利。让我们深入了解霍布斯的思想实验，看看他是如何一步步推导出现代民主社会的原则的。

霍布斯的思想实验始于一个极端假设：“如果没有政府存在，人类社会会是什么样？”在他看来，没有政府意味着没有政治秩序和法律。在这种情况下，人类将处于他称之为“自然状态”的境况中。那么，在自然状态下，人类的生活会是什么样的呢？这主要取决于人性的本质。

霍布斯认为，人性本质上是贪婪且好斗的。自然赋予了人类在体能和智力上的相对平等，使每个人都有争夺资源的同等机会。由于最初没有秩序和法律的约束，每个人都可以自由地掠夺，这最终导致了一场永无休止的“所有人对所有人的战争”。

基于这个假设，霍布斯得出了一个初步结论：在自然状态下，人的生活将是“孤独、贫困、污秽、野蛮且短暂的”。

这种自然状态类似于动物在丛林中的生存状态，甚至可能更加糟糕。在丛林中，动物的能力各不相同，狮子和老虎等顶级捕食者占据食物链的顶端，而兔子和鹿则属于猎物。这样，动物世界自然形成了“弱肉强食”的秩序，基于能力差异的等级体系。

然而，霍布斯设想的自然状态完全不同。他认为，人类的能力几乎是平等的，因此不存在天然的秩序。社会处于彻底的混沌、无序状态。每个人的力量和智力相差无几，使得任何人都有可能挑战或夺取他人的资源。这种平等性导致了持续的冲突和动荡，使得生活极其不稳定和危险。

当一切看似陷入绝望之时，霍布斯却看到了转机。他注意到，相比于无限制的掠夺，人性中对暴死的恐惧占据了主导地位，这激发了人类对和平的渴望。霍布斯总结道：“出于对无故暴死的恐惧，人类产生了追求和平的欲望，而理性则为此制定了规则。”

理性为人类制定了两条基本规则：

第一条：追求和平的法则。每个人都应尽力追求和平，只要有希望获得和平；当无法获得和平时，则应利用一切战争的手段和优势，不惜使用任何手段来保卫自己。

第二条：让渡权利的法则。为了和平与自我防卫，只要其他人也愿意，一个人应当同样愿意放弃对一切事物的权利。

这两条法则是所有理性人都会同意的原则。为了获得和平与自我保存，所有人同意放弃个人的全部权利，由此社会契约得以产生。

但问题是，放弃权利只是第一步，如何管理这些权利才是关键。霍布斯指出：“此时的国家仍然处于无政府状态，没有统一的领导。人们依然不知道该做什么，极有可能再次陷入危险的‘自然状态’。”

为此，霍布斯提出了解决办法：“如果这些被放弃的权利能够集中统一起来进行管理，问题就迎刃而解了。”他认为，这个统一的权利管理者应由君主担任。

于是，霍布斯找到了他的政治安排方案：为了避免陷入混乱无序的自然状态，所有人同意放弃并让渡他们的权利，将权利交由一位绝对的主权者——君主——来保管。君主拥有绝对的权力，通过政治秩序和法律来管理公民，同时对公民和社会的福祉负责。

霍布斯的政治观点明显倾向于“君主至上”。他理想中的君主如同圣经中的大海怪“利维坦”一样强大，甚至有时其权威超越法律。因此，一些批评者认为霍布斯的学说是在为君主专制辩护。这引发了关于是否有更好替代方案的思考，或者质疑霍布斯描述的自然状态是否真的如此可怕。

尽管霍布斯的“君主至上”论备受争议，他的社会契约理论却带来了一个重要启示：法律和政治秩序并非与生俱来，而是人类社会有意识创造的结果。这些制度不是神明的恩赐，而是符合历史发展规律与人性法则的产物。霍布斯提醒我们，政治与法律体系的建立是为了满足人们对安全与秩序的需求，通过合作与契约的形成，使社会得以在更和谐、可持续的基础上运作。因此，尽管他的观点存在争议，他的理论依然为理解现代政治结构提供了重要的基础和视角。

## 【托马斯·霍布斯经典语录】

1. “人在自然状态中生活是孤独的、贫困的、肮脏的、野蛮的和短暂的。”

——《利维坦》

2. “每个人都对每个人是狼。”

——《利维坦》

3. “没有强有力的政府，人的生命将充满恐惧，人人为敌。”

——《利维坦》

4. “正义与不正义的概念不存在于自然状态中。正义源于社会契约。”

——《利维坦》

5. “自由是指在法律不禁止的范围内，做你想做的事。”

——《利维坦》

6. “在没有共同权利的情况下，没有法律；没有法律，就没有不义。”

——《利维坦》

7. “恐惧与我生俱来。”

——《自传》

（霍布斯出生于1588年，英格兰当时正面对西班牙无敌舰队的威胁，他认为自己从出生就感受到了恐惧。）

8. “生活的主要动机是自我保护与自我保存。”

——《利维坦》

9. “契约是所有和平的真正根基。”

——《利维坦》

10. “主权者的权力是通过集体赋予的，每个人都放弃了部分自由，以换取和平与秩序。”

——《利维坦》

# 第十三章　洛克：政府没有其他目的，除了保护财产

> 凡在理智之中的，无不先在感觉之中。
>
> ——约翰·洛克

## 约翰·洛克其人

约翰·洛克（John Locke，1632—1704），英国哲学家、启蒙思想家，一生秉持自由与开放的精神，被誉为“自由主义之父”。洛克毕业于牛津大学，获得了哲学和医学双学士学位，随后取得哲学硕士学位。尽管洛克后来才开始专注于医学，从现代角度来看，医学可以视为他的辅修学科，但他凭借医学研究成为了皇家学会的院士，并担任了二十多年的医师。

医学不仅塑造了洛克的职业生涯，也深刻影响了他的哲学。在其代表作《人类理解论》中，洛克提出了著名的论点：“人的认识的唯一来源是经验。”在哲学史中，洛克始终与经验主义紧密相连，因此常被称为“英国经验论者”或“经验主义哲学家”。

在政治见解上，洛克是自由主义的坚定支持者，也是近代政治自由主义传统的奠基者之一。他的政治哲学观点集中体现在《政府论》一书中。

洛克的自由主义思想同样延伸至宗教领域。在那个宗教战争、仇恨和敌意充斥的时代，洛克提出了宗教宽容的理论，他的著作《论宽容》是现代宗教宽容理论的开创性作品。在那段黑暗的岁月里，洛克的思想如同一盏明灯，照亮了自由、开放与民主的启蒙之路。洛克去世后，他的哲学被广泛付诸实践，现代国家普遍采用的君主立宪制和议会民主制正是这种实践的结果。

洛克终生未婚，也未留下任何子女。

约翰·洛克被誉为
“自由主义之父”

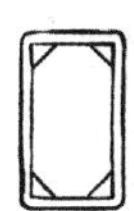

提出“白板说”，即认为人的心灵在出生时如同一块白板，所有的知识和观念都来自后天的经验。

洛克的母亲艾妮丝·金恩据传长得相当漂亮。

“权力不能私有，
财产不能公有，
否则人类就进入灾难之门。”

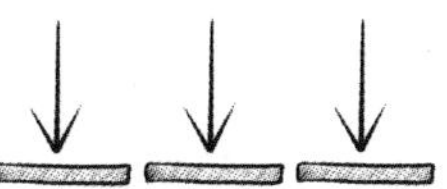

提出著名的“洛克文明三底线”，即生命权、财产权、自由权的神圣不可侵犯，是每一个现代人都应保有的基本权利与底线。

1704年10月28日，洛克病逝。洛克终身未婚，也没有留下任何子女。

## ｜超时空采访｜

问题一

| | |
|---|---|
| 约翰·洛克老师，终于见到您了，我太兴奋了，您知道吗，您长得跟阿德里安·布罗迪很像，尤其是气质这块，拿捏得死死的。 | 哦，什么气质？他也是一位哲学家吗？<br>约翰·洛克 |
| 忧郁！深邃的眼神！关键是太帅了！他不是哲学家，他是好莱坞明星，因《钢琴家》一片获得奥斯卡影帝。 | 我开始喜欢你的采访了！我承认，我的高颜值那是相当惊艳，应该是继承了我老娘的基因。至于我深邃的眼神，可能与我经常思考哲学问题相关吧。<br>约翰·洛克 |
| 老师，快！签名，合影，拥抱！ | 我喜欢未来年轻人的礼仪观！<br>约翰·洛克 |

约翰·洛克的母亲据传非常漂亮，是一位虔诚的清教徒。她的坚定信仰和优秀品质对约翰·洛克起到了深远影响。

问题二

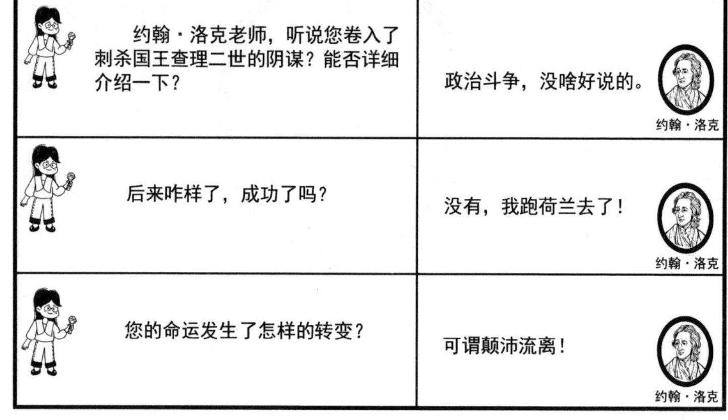

约翰·洛克老师，听说您卷入了刺杀国王查理二世的阴谋？能否详细介绍一下？
政治斗争，没啥好说的。
约翰·洛克
后来咋样了，成功了吗？
没有，我跑荷兰去了！
约翰·洛克
您的命运发生了怎样的转变？
可谓颠沛流离！
约翰·洛克

在查理二世统治时期，英国政治局势复杂多变。洛克作为当时的政治活动家，积极参与了国内的政治斗争，并与“莱伊宫阴谋”有关，这是一个意在刺杀国王查理二世的秘密计划，然而该计划未能成功实施。洛克涉嫌卷入这一阴谋，但关于他是否直接参与刺杀行动的具体证据并不充分。阴谋失败后，洛克的命运并未被详细记载，但可以推测他可能面临了政治迫害或流亡的命运。

## 心灵是一块白板（tabula rasa）

这是洛克认识论的核心观念。认识论致力于探究“知识是什么？”“知识的来源是什么？”以及“我们如何获得知识？”这些基本问题。在洛克之前，许多哲学家普遍认为知识的来源是天赋观念，认为人类生来就拥有一些先天的观念，只需通过理性便能认识这些真理。然而，洛克却提出，人类并没有所谓的天赋观念。相反，在刚出生时，人的心灵如同一块白板（tabula rasa），上面空无一物，没有任何观念或知识。

那么，知识从何而来呢？洛克认为，心灵获取知识的唯一途径是通过经验，经验才是知识的唯一来源。

大家或许还记得之前提到的英国哲学家约翰·斯图尔特·密尔。他的父亲詹姆斯·密尔深受洛克“白板说”的影响，认为心灵最初就像一块白板，思想主要来自经验的积累。因此，詹姆斯·密尔非常重视对小密尔的早期教育，让他从小接触世界经典名著，学习代数和几何。这也使得小密尔在青少年时期便拥有了比许多大学生更为广博的知识。

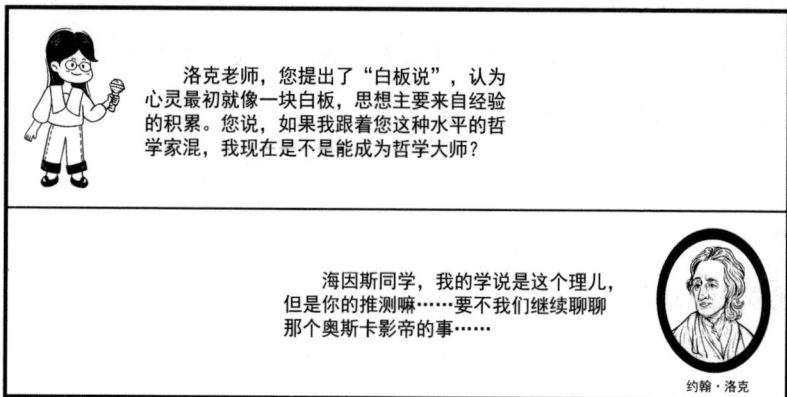

洛克老师，您提出了“白板说”，认为心灵最初就像一块白板，思想主要来自经验的积累。您说，如果我跟着您这种水平的哲学家混，我现在是不是能成为哲学大师？

海因斯同学，我的学说是这个理儿，但是你的推测嘛……要不我们继续聊聊那个奥斯卡影帝的事……

约翰·洛克

## 政府没有其他目的，除了保护财产

洛克是继霍布斯之后另一位重要的社会契约论哲学家。与霍布斯一样，洛克也对国家或政府的起源产生了浓厚的兴趣。人们组成国家是为了避免战争吗？自然状态中的人真的像霍布斯所描述的那样自私和贪婪吗？恐惧真的是促使人们组成国家的根本动力吗？

这一切都要从“自然状态”谈起。

自然状态并非真实存在的历史状态，而是哲学家设想的“国家存在之前的状态”。洛克描绘的自然状态就像一幅充满阳光和色彩的画卷。人们在自然状态中是完全自由的，每个人可以根据自己认为合适的方式决定如何行动，包括如何处理自己的财产。同时，人与人之间是完全平等的，没有人天生拥有比他人更多的权力。

然而，问题随之而来：既然自然状态如此美好，人们为什么会放弃它，选择组成国家或政府呢？

在这个问题上，洛克与霍布斯有些相似。霍布斯认为，人性自私且贪婪，天性倾向于掠夺与征服。因此，在没有约束的自然状态下，社会将陷入“所有人对所有人的战争”，如同原始丛林般危险。

洛克也有类似的看法，他认为虽然自然状态中的人们都自由平等，但大多数人并不会严格遵守公正与正义的原则。例如，如果没有交通法规，多数人可能会随意闯红灯，车辆也不会主动礼让行人，这必然导致混乱，人的生命、财产和权利都会受到威胁。

因此，洛克发现：尽管自然状态有其美好的一面，但它缺乏最重要的三样东西——法律、裁判者和执法者。

正因如此，人们为了保护自己的财产，自愿放弃部分权利，联合组成国家，将自己置于法律的管理之下。而这一切都是为了保全财产。在洛克看来，财产不仅指金钱，还包括生命、自由，以及物质财富等人类自然拥有的一切。

到这里，一个市民国家的雏形已经建立起来。接下来，洛克进一步思考：这个国家应该如何组织？最高权力应该归属谁？权力又该如何执行和分配？

由于国家是基于人民的同意而建立的，洛克提出了国家的第一条原则：国家的最高职责是保全社会，并在符合公共利益的前提下，保护每个成员的生命和财产。如果国家无法保全自身及其人民的利益，那么它就失去了存在的意义。

在这一信念的基础上，洛克认为国家的最高权力是立法权。不是法律的裁判者或执行者，而是立法者，即那些制定法律的人，掌握至高无上的权力。那么，谁是立法者呢？洛克认为，立法者并非某个个体，也不是某个机构或组织，而是国家的每一个公民——人民。

至此，洛克找到了他的答案：国家是由人民同意联合建立的组织，目的是保护人民的财产。立法权是国家的最高权力，而选举立法者的权力则掌握在人民手中。

洛克的思想具有跨时代的意义，他构建了一个民主国家的早期模型，这个模型至今仍是大多数民主国家的基础框架。将洛克的国家理论与霍布斯的理论进行比较，洛克的“主权在民”精神更加鲜明。虽然两人都认为国家建立在人民的同意之上，但霍布斯赋予了君主至高无上的权力，塑造了“利维坦”这样的巨型权力体。而洛克则始终坚持，国家的真正灵魂在于人民，而非君主。

## 【约翰·洛克经典语录】

1.“人类的心灵在出生时如同一块白板，所有的知识和观念都来自后天的经验。”

——《人类理解论》

2.“生命、自由和财产是自然法赋予人民的不可剥夺的权利。”

——《政府论两篇》

3.“人民有权推翻违背信任的政府，重建新的政府以保障自身的权利。”

——《政府论两篇》

4.“自由不是任性而为，而是依照法律生活。”

——《政府论两篇》

5.“所有人天生是平等的，因为他们都拥有同样的自然权利。”

——《政府论两篇》

6.“无政府状态比暴政更令人恐惧。”

——《政府论两篇》

7.“知识的唯一来源是感官经验和理性反思。”

——《人类理解论》

8.“财产权是每个人通过自己的劳动对自然物品的合法占有。”

——《政府论两篇》

9. “任何未经个人同意的权力行为都是非法的。”

——《政府论两篇》

10. “宗教信仰是个人的自由选择，国家不应干涉个人的宗教事务。”

——《论宗教宽容》

# 第十四章　卢梭：人生而自由，却无往不在枷锁之中

我们手里的金钱只是保持自由的一种工具，但很多人却把它当作了真正的自由，因此我们自己也成为了工具。

——让 - 雅克 · 卢梭

## 卢梭其人

让 - 雅克 · 卢梭（Jean-Jacques Rousseau，1712—1778）是启蒙时代的法国与日内瓦哲学家、政治理论家、文学家和音乐家。如果要用两个词来概括卢梭的性格，那就是“独立”和“叛逆”。卢梭是启蒙时代的“叛逆之星”，他的许多思想远远超前于他的时代。

卢梭的一生充满传奇色彩。他出生后仅九天，母亲便去世，后来父亲也因债务问题离家出走。卢梭因此在很小的年纪便成了孤儿，甚至在街头流浪了一段时间。他没有接受过正规教育，但几乎凭借自学掌握了广博的知识。

成年后，卢梭搬到巴黎，与百科全书派的思想家们交往密切，

其中包括狄德罗、伏尔泰等著名人物。卢梭极度厌恶社会中的虚伪与不公，尤其对社会的不平等现象感到愤怒。他在《论人类不平等的起源和基础》中指出，这一问题的根源在于文明社会的建立。卢梭认为，正是文明社会带来了腐败与不平等，最终导致了人性的堕落。这一观点在当时引发了极大的轰动。

卢梭对自然抱有理想化的赞美，并在《爱弥儿》中提出了“自然教育”的主张，认为孩子应该在大自然中学习，教育应顺应孩子的天性。然而，讽刺的是，卢梭自己却将他与情人所生的五个孩子全部送去了孤儿院，而没有亲自照料他们，这一行为在当时引起了广泛的争议。

卢梭最具革命性的思想体现在他的著作《社会契约论》中。当时的主流观点是“主权在君”，但卢梭大胆提出“主权在民”，主张权力应来自人民，而非君主。这一思想对后世政治学和民主理论产生了深远的影响。

晚年，卢梭隐居于巴黎近郊，并撰写了《忏悔录》，记录了他一生的内心挣扎与矛盾。在法国大革命时期，卢梭成为雅各宾派最推崇的哲学家。1794 年，卢梭去世 16 年后，他以国家英雄的身份被安葬于巴黎的先贤祠。

## 自然状态

在对“国家如何产生”这一问题的探讨中，卢梭与霍布斯和洛克一样展现出了浓厚的兴趣，并同样以“自然状态”作为思考的起点。

法国启蒙运动代表人物，
头衔、著作众多。

出身贫苦，一生颠沛流离，
做过学徒、仆役、秘书、
乐谱抄写员。

曾因发表《社会契约论》
《爱弥儿》遭法国当局追捕。

集各种复杂标签
于一身的让-雅克·卢梭

性格复杂，勇敢&懦弱、热情&冷酷，
这种矛盾性使得他成为了
一个充满争议的人物。

充满争议的人生。
生前遭人唾弃，
死后却万人膜拜。

社会契约论的思想家们常常运用思想实验来推导他们的观点，卢梭也采用了这种方法。他认为，在自然状态下，人是完全自由的，拥有对自己身体和生存的绝对支配权，这一点与洛克的思想较为相似。

卢梭和洛克的另一个相似之处在于，他们都不认为国家是因为人们“出于对暴死的恐惧”而形成的。卢梭坚持认为，人的本性是自由和善良的，自然状态并不等同于战争状态。促使个人集结成国家的根本动力不是恐惧，而是“保全自身的渴望”。人们为了保护自己的生命和财产而自愿联合起来，这种联合不仅没有削弱个人的自由，反而增强了每个人的自由。

## 人生而自由，却无往不在枷锁之中

想象一下，你是一个天性喜欢冒险和自由的孩子，在一个巨大的游乐园中出生和成长。这个游乐园里有无数的娱乐设施，比如碰碰车、旋转木马和小火车。你可以随心所欲地玩乐，没有任何规则的限制。

但是，随着时间的推移，你被要求加入一个个团体，而每个团体都有自己的规则和条件。你必须遵守这些条件，才能继续愉快地玩耍。

这时，你肯定会感到困惑，心里会冒出问题："我为什么要加入这些团队呢？为什么要被规则束缚？"

好像有点儿道理，
可我真的会像你
说的那么倒霉吗？

这正是 18 世纪著名启蒙哲学家卢梭感到好奇的问题：人为什么愿意舍弃自由，选择接受束缚呢？卢梭从骨子里热爱自由，他曾说过：“我崇拜自由，憎恶统治和奴役。”

带着这个疑问，卢梭开始了他的哲学探索。他发现，在没有社会规则之前，人就像生活在游乐园里的孩子，可以随心所欲地行动，不受任何限制。这是卢梭得出的第一个结论：“人生而自由。”

我！
生而自由！

卢梭接着思考：如果每个人都随心所欲地行动，没有规则的约束，生活中势必会出现许多问题。比如，个人无法独自应对自然灾害或野兽的威胁，资源有限，智力停滞等。就像生活在游乐园中的孩子，假如某天突然发生地震，他一个人根本无法保护自己。如果游乐设施突然损坏，单靠他自己也无法修复那些庞大的设施。由此，卢梭发现了人们为什么会选择加入团体的理由：为了保全自己。

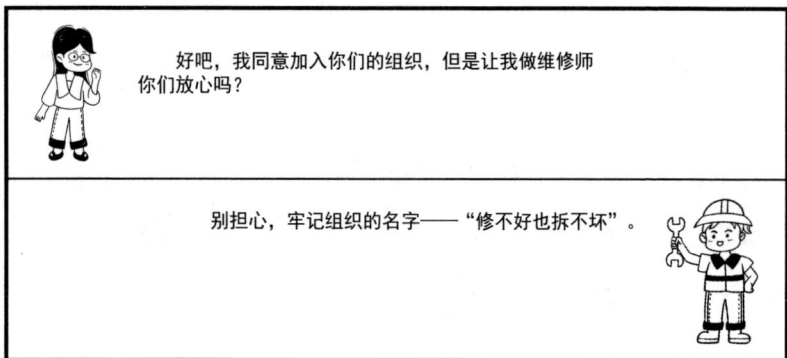

好吧，我同意加入你们的组织，但是让我做维修师你们放心吗？

别担心，牢记组织的名字——“修不好也拆不坏”。

加入团体和遵守规则实际上是同一回事。加入团体意味着必须遵守规则，而不遵守规则的后果便是惩罚。假设你加入了某个团体，但无法压抑你天性中的自由与冒险精神，有一天你违背了规则，在没有完成任务的情况下就跑去玩乐，那么等待你的必然是惩罚。正是惩罚赋予了规则如此大的力量，这些规则就像枷锁一样，牢牢将每个人限定在团体允许的活动范围内。

这便是卢梭那个著名的发现：“人生而自由，但无往不在枷锁之中。”

这一定是件坏事吗？卢梭认为，人们自愿接受规则的约束，一定是因为这样做能带来某种好处。毕竟，人不是傻子，没有人愿意做一桩没有回报的买卖。加入团体不仅有助于生存，还能带来更大的自由。

等等，这听起来好像和前面提到的观点相矛盾：被束缚意味着自由减少，为什么卢梭却说被束缚反而带来了更大的自由呢?

卢梭对此也非常谨慎，他希望将这个问题解释得更清楚。在他看来，自由不止有一种含义。除了不被约束的自由之外，还有自主的自由。前者是摆脱他人意志的自由，后者是服从自己意志的自由。毕竟，“因为服从他人的命令而不吃汉堡”和“因为遵从自己的意志而不吃汉堡”是两件完全不同的事情，它们的根本区别在于：规则和命令是否由“我自己”制定。

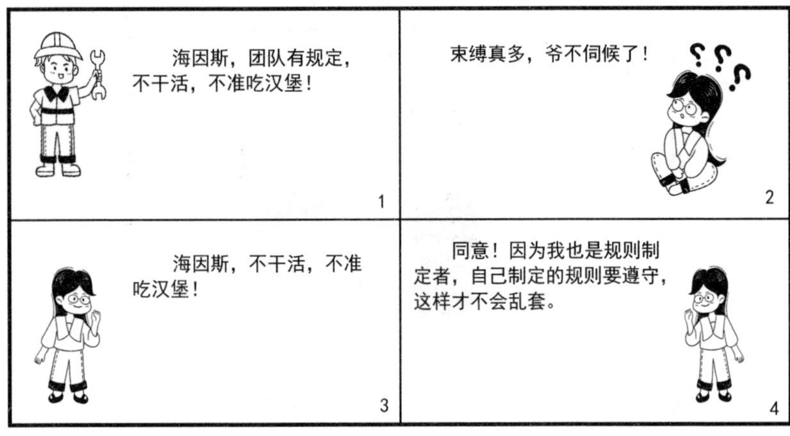


加入团体意味着成为团体的一部分，并有机会参与团体规则的制定。反过来，团体也成为了每个人的一部分。团体就像一个大家庭，所有人的意志结合在一起，形成一个共同的公共意志。在这个过程中，我们不再仅仅依赖本能和欲望行事，而是依据更高的理性和道德准则行事，这正是更高层次的自由的体现。

简而言之，卢梭的这一发现揭示了他对人类社会状态的深刻思考。人在自然状态下是自由的，但为了保全自身，人们甘愿加入社会，接受各种社会规范和制度的约束，这意味着自由受到了一定限制。然而，通过一个合理的社会契约，个人不仅没有失去自由，反而可以在社会中实现更高层次的自由。

## 【让-雅克·卢梭经典语录】

1. “人生而自由，却无往不在枷锁之中。”

——《社会契约论》

2. “人民的主权不可转让，也不可分割。”

——《社会契约论》

3. “人类的真正幸福在于遵循自然的本性生活。”

——《爱弥儿》

4. “人是善良的，但社会使他腐化。”

——《论人类不平等的起源和基础》

5. “法律是人民意志的表达。”

——《社会契约论》

6. “每个个体都将自己与他的权利全部交给集体，同时也作为集体成员分享权利。”

——《社会契约论》

7. “一切恶劣的行为都源于社会对自然本性的压制。”

——《爱弥儿》

8. “良心是一切人类心灵中神圣不可侵犯的声音。”

——《爱弥儿》

9. “自由不是为所欲为，而是服从自己制定的法律。”

——《社会契约论》

10. “虚荣与贪婪使得人类的自然平等状态瓦解。”

——《论人类不平等的起源和基础》

# 第十五章　约翰·罗尔斯：正义即公平

社会的公正应该这样分配：在保证每一人享受平等自由权利的前提下，强者有义务给予弱者以各种最基本的补偿，使弱者能够像强者一样有机会参与社会的竞争。

——约翰·罗尔斯

## 罗尔斯其人

约翰·罗尔斯（John Rawls，1921—2002）是美国政治哲学家，毕业于普林斯顿大学并获得哲学博士学位，曾在普林斯顿、康奈尔、麻省理工和哈佛任教。罗尔斯参加过二战，目睹战争残酷，激发了他对建立更公正社会的兴趣。战后，他回归学术界，其政治哲学在 20 世纪后期引起广泛关注，成为学术明星，但他为人低调谦逊。学生们称赞他是一位专注学术、喜爱安静思考的老师，对学生亲切耐心。罗尔斯一生致力于探索如何建立更公正的世界，代表性思想包括“无知之幕”和“正义即公平”，著作有《正义论》《政治自由主义》《作为公平的正义：正义新论》和《万民法》。

普林斯顿大学哲学博士，
哈佛大学教授。

“富三代”，祖父开银行，外祖父母从事石油和煤矿行业，爸爸威廉·李是知名律师，妈妈曾任巴尔的摩妇女选民联盟主席。

代表作《正义论》

“20世纪美国最有影响力的
哲学家、逻辑学家之一”。

正义理论
1. 平等的自由原则
2. 机会的公正平等原则
和差别原则的结合

## | 超时空采访 |

约翰老师，听说您参加过第二次世界大战，请问您在硝烟弥漫的战场，是否也在思考“正义即公平”？

我在思考怎么才能活下来！

约翰·罗尔斯

第二次世界大战中，约翰·罗尔斯被派往太平洋战场参战，亲历了战争的残酷与无情。在见证了美国向日本广岛投射原子弹之后，罗尔斯的心理防线彻底坍塌。他开始深入思考战争的真正目的和意义，罗尔斯的正义感被彻底激发，同时也促使他转向学术研究，最终形成了自己的正义理论。

## 无知之幕

游戏设计师在设计游戏规则时，都会尽量确保游戏规则的公平和公正。他们会设定一个初始状态，在该状态中他们会假设自己也是不知道自己角色的玩家，一起坐在圆桌前商量什么规则才是公平和公正的。

为了理解罗尔斯的无知之幕，你可以想象自己就是其中一位游戏设计师，只不过现在你需要设计的不是游戏规则，而是社会运行的规则。你设计的社会制度将决定每个人在这个社会中的地位、财富、教育机会等。

为了设计出公平公正的社会规则，每一位设计师在作出决定前，必须穿过一层“无知之幕”。一旦穿过“无知之幕”，意味着你不再知道任何个人和所处社会的特殊信息，例如你不知道自己是富人还是穷人，不知道你的性别、种族、家庭背景、身体素质和有没有天赋，等等。换句话说，无知之幕后面的你是经过“系统重置”后的你，对自己的社会地位和即将获得的社会地位等一无所知。

既然如此，你会怎样制定社会规则呢？自然是设计一套公平公正的制度，因为你不知道坏的社会制度所导致的恶果，会不会落到自己头上。就如漫画所示，四个“小馋猫”分蛋糕，如果不知道自己将会分到哪一块，就会把每一块蛋糕切成同样的大小，以免自己的利益受损，分到小的蛋糕。

罗尔斯希望通过“无知之幕”，使每个人摆脱偏见，从公平公正的立场思考社会基本制度。

## 正义即公平

我们之前讨论了社会契约论传统中最著名的三位哲学家：霍布斯、洛克和卢梭。现在，我们来谈谈这一传统在当代美国政治哲学中的代表——约翰·罗尔斯的契约论思想。

罗尔斯关注的问题是“如何确保社会规则的正义”，不同于前辈们探讨的“社会和国家如何形成”。他提出了一个巧妙的假设：所有人都通过一层“无知之幕”，回到一个原始状态，在这个状态下，个人对自身和社会情况一无所知。

在此设想中，罗尔斯思考人们如何选择他们希望建立的社会。他假设，在初始状态下，人们会设定怎样的规则？因为此时，个人对自己的社会地位和角色一无所知，完全处于“无知”状态。因此，人们希望避免任何可能导致不公平的规则，以确保自己不会处于不利位置。因此，首要排除的是不公平的规则。

在排除干扰因素后，关键环节是设计正义规则。罗尔斯认为，理性人会首先提出的第一个正义原则是：“每个人都有平等的权利，享有与他人相同的最广泛基本自由。”这个原则被称为平等自由原则，确保任何情况下都不应以一个人的自由来换取另一个人的自由。

然而，自由必须有社会制度的保障，否则毫无意义。为了确保自由具备实质内容，罗尔斯认为理性人设计的第二个正义原则是：

“社会和经济的不平等应在满足两个条件下安排：

（1）附属于对所有人开放的公平机会。（机会平等原则）

（2）以最有利于社会中最少受惠者的方式存在。（差别原则）”

第二个正义原则看似复杂，但实际上是由两个子原则组成的。第一个是机会平等原则，核心思想是每个人应享有平等机会去追求工作和教育等机会。这意味着所有职位和机会原则上应向所有人开放，不应偏袒某一类人或排除特定群体。

举例来说，无论一个人的出身、种族、性别或发色如何，他们都应有平等的机会成为蛋糕师。

第二个是差别原则，强调社会与经济的不平等是可接受的，但前提是这些不平等能惠及最弱势群体。这旨在确保每个人拥有平等的机会和自由，同时通过合理安排社会差异，关注最需要帮助的人。

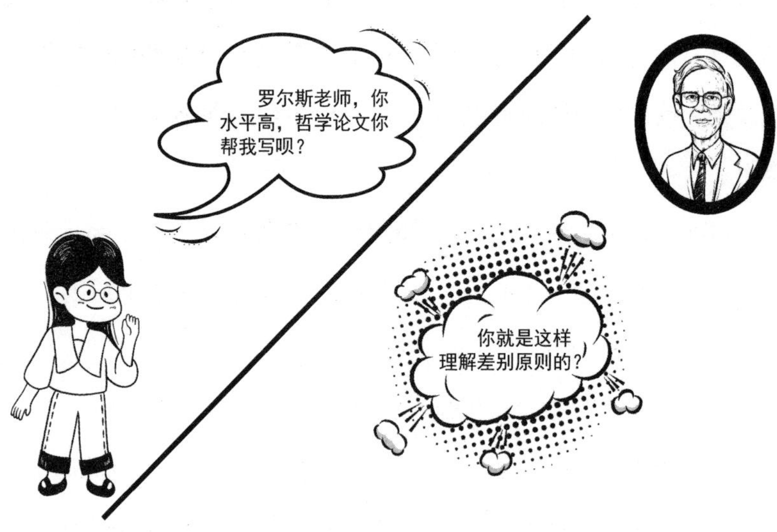

罗尔斯老师，你
水平高，哲学论文你
帮我写呗？
你就是这样
理解差别原则的？


第二个正义原则旨在最大程度地确保社会资源公平分配，这也是罗尔斯关注的核心问题。他认为正义就是公平，即“正义即公平”（Justice as Fairness）。由此，基本的社会正义规则得以设计。

与前人相比，罗尔斯的社会契约论更重视构建正义社会，正义在他的理论中处于核心地位，他指出："正义是社会制度的首要德性，正如真理是思想体系的首要德性。"罗尔斯提出的"正义即公平"原则对现代政治和社会制度设计具有深远影响，为追求公正和公平提供了规范性框架。

## 【约翰·罗尔斯经典语录】

1."正义是社会制度的首要美德，正如真理是思想体系的首要美德。"

——《正义论》

2."在一个正义的社会中，任何个人的自由都不应被剥夺，除非为了维护更大的自由。"

——《正义论》

3."无知之幕之后的选择是正义的基础，因为它排除了个人利益的偏见。"

——《正义论》

4."正义的首要原则是，每个人都有平等享有最广泛基本自由的权利。"

——《正义论》

5."社会和经济的不平等必须满足两个条件：首先，它们与职务和地位的公平机会相联系；其次，它们必须使社会中最不利者受益。”

——《正义论》

6.“每个人都拥有不可侵犯的权利，这些权利是基于正义而确立的，任何社会利益的代价都不能剥夺这些权利。”

——《正义论》

7.“真正的正义是平等的机会，它能使最不利的群体得到公平的对待。”

——《正义论》

8.“正义的基本原则应当通过一致同意来确定，这种同意是在理性的无知之幕背后做出的。”

——《正义论》

9.“民主社会中的每个人都有平等的政治权利，而这些权利在分配上应是最广泛和公平的。”

——《正义论》

10.“通过无知之幕选择正义原则，意味着不考虑个人的经济或社会地位，正义必须对所有人一视同仁。”

——《正义论》

# 第四篇 语言与意义

与其问“语言如何表达思想”，哲学家们更关注“语言的意义如何被证明为可靠”。语言的表达与意义并非同一回事。自古以来，语言与逻辑的问题始终萦绕在人类的思考中。罗素的摹状词理论揭示了语言表达中的复杂性，如“当今法国国王戴假发”的例子。维特根斯坦则通过“私人语言”论断挑战了语言意义的个体化解释。普特南的孪生地球实验表明，意义并不完全存在于脑海中，而克里普克的因果指称理论则为指称问题提供了新的视角。大卫·刘易斯的模态实在论进一步挑战了现实与可能性之间的界限。本篇将探讨这些哲学家对语言与意义的独特见解，帮助我们思考：在复杂的世界中，语言如何赋予思想以可靠的意义？

# 第十六章　罗素的摹状词理论：当今法国国王戴假发

人生而无知，但是并不愚蠢，是错误的教育使人愚蠢。

——伯特兰·阿瑟·威廉·罗素

## 罗素其人

伯特兰·阿瑟·威廉·罗素（Bertrand Arthur William Russell，1872—1970）是英国著名的哲学家、数学家和逻辑学家，也是诺贝尔文学奖得主。罗素无疑是20世纪最著名的哲学家之一，他的一生可以用三个关键词概括：数学、哲学以及诺贝尔文学奖。

在数学方面，罗素提出了著名的罗素悖论，并与他的老师阿尔弗雷德·诺斯·怀特海（Alfred North Whitehead）共同撰写了划时代的著作《数学原理》。在哲学方面，罗素是数理逻辑的奠基人之一，创立了分析哲学，并提出了逻辑原子论。此外，罗素也是多产的作家，撰写了29本广受关注的书籍以及大量的论文和文章，1950年获得诺贝尔文学奖，颁奖词强调罗素是“多样且重要的作品的作者，持续追求人道主义理想和思想自由”。

诺贝尔文学奖颁奖词高度概括了罗素思想的光辉：“他是西欧思想和言论自由最勇敢的代表之一，以卓越的活力、勇气、智慧与敏锐的感受力，展现了诺贝尔奖的原意与精神。”

至于罗素自己如何总结他的一生，他曾说过这样一段话：

“三种简单却极其强烈的激情支配了我的一生：对爱的渴望，对知识的追求，以及对人类苦难的难以忍受的同情。这些激情如同巨大的风，将我吹向不同的方向，沿着一条曲折的航线，穿越深邃的痛苦之海，直至绝望的边缘。”

头衔众多：
哲学家
数学家
逻辑学家
历史学家
文学家
分析哲学创始人之一
世界和平运动的倡导者和组织者

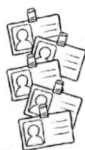

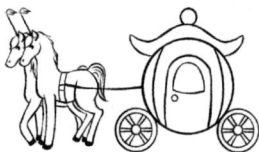

我是一位坚定的和平主义者

1950年获诺贝尔文学奖

反对战争

提出原子论、新实在论等重要理论

贵族出身，却命运坎坷，早年父母双亡。

## 意义理论

意义理论是当代分析哲学的核心问题之一，但不要被它的名字误导，它并不是讨论人生或生命意义的理论。意义理论要解决的问题是：字词和句子的意义来自哪里？它的生成机制是什么？

在这个领域，最有影响力的人物之一是弗雷格。

弗雷格（Gottlob Frege）是分析哲学的奠基人之一，也是德国著名的数学家和逻辑学家。他提出了著名的意义理论，其中他区分了指称和意义。根据弗雷格的观点，一个专名的指称是它在世界中所对应的对象，而它的意义是“指向对象的方式”（mode of presentation）。这听起来很抽象，我们通过以下两个句子来理解：

1. 鲁迅是鲁迅。

2.《狂人日记》的作者是鲁迅。

这两句话的指称相同吗？是的，弗雷格会说它们的指称相同，因为它们都指向鲁迅。然而，它们的意义是不同的。第 1 句话没有提供额外的信息，只是一句废话。而第 2 句话告诉我们，鲁迅是《狂人日记》的作者，带来了新的信息。

弗雷格的意思是：我们不能脱离句子去询问字词的意义。字词只有在句子中才有意义。

那么，弗雷格的意义理论是否也适用于形容词或名词词组呢？罗素在分析哲学中提出了一个术语来专门讨论句子中的名词词组：摹状词（definite descriptions）。

## 当今法国国王戴假发

现在我们来讨论一个情况：有些摹状词虽然有意义，但没有实际指称。例如，“当今法国国王”这个摹状词没有指称，因为目前法国没有国王。

问题：“当今法国国王是秃头的”这个命题有意义吗？

主流观点认为：“当今法国国王是秃头的”是有意义的。理由是，任何一个有意义的命题要么为真，要么为假，命题的意义就是它的真值条件。此外，如果一个命题为真，那么它的否命题必定为假，反之亦然。于是，我们有以下一对命题：

- A：当今法国国王是秃头的。
- B：当今法国国王是不秃头的。

根据排中律，A 和 B 中必有一句是真的。但由于我们无法判断其中哪一个为真，可能会认为 A 和 B 都既不真也不假。然而，罗素对这一回答并不满意。他认为：“这种说法等于放弃排中律，这是难以接受的。”并讽刺道：“如果 A 和 B 都不真不假，那是不是意味着法国国王戴假发？”

显然，问题的根源在于“当今法国国王”这个摹状词没有所指。

### 罗素的解决方案：摹状词理论

为了解决这个问题，罗素提出了摹状词理论，其基本形式是：“有且只有一个 X，并且 X 是 Y。”摹状词理论通过对命题进行分析，将其分解为构成部分。

按照这个理论，命题 A“当今法国国王是秃头的”可以被分析为：

1. 存在一个 X，X 是法国国王，并且对于所有 Y，如果 Y 是法国国王，那么 Y 就是 X，且 X 是秃头的。

结论：1 是假的，因为目前不存在一个 X 能满足这些条件，因此 A 也是假的。依据是：对于一个合取命题，只要其中一部分为假，整个命题便为假。

同样，命题 B“当今法国国王是不秃头的”可以被分析为：

2. 存在一个 X，X 是法国国王，并且对于所有 Y，如果 Y 是法国国王，那么 Y 就是 X，且 X 是不秃头的。

结论：B 也是假的，因为不存在这样的一个 X。

好处：排中律的保留。

根据罗素的理论，1 和 2 是 A 和 B 的真实形式。由于 1 和 2 并不是互相否定的命题，因此排中律并没有被挑战。

为了保留排中律，我们可以将 A 保持为 1，而 B 则可以重新分析为：

3. 不存在一个 X，X 是法国国王，并且对于所有 Y，如果 Y 是法国国王，那么 Y 就是 X，且 X 是秃头的。

3 与 2 的区别在于否定出现的位置：在 2 中，否定的是“秃头”；而在 3 中，否定的是整个命题。

结论：A 依然是假的，因为 X 不存在；而 B 是真的，因为 3

与 1 是互相否定的命题，根据排中律，既然 1 是假的，那么 3 就必须为真。

罗素的摹状词理论被誉为分析哲学的典范，是数理逻辑、语言哲学和分析哲学中的一个重要理论。事实上，罗素的理论并不限于摹状词。后来的分析哲学家，如蒯因（W.V.O. Quine），将罗素的理论应用于专名，以解决“存在否定陈述”的问题，即如何在不做本体论承诺的前提下，有意义地否定某些不存在事物的存在。例如“东海龙王不存在”。

在这里，我只能用日常语言简单介绍罗素的理论，这种方法有局限性，无法直接展示罗素理论的逻辑说服力。读者们如果有兴趣，可以学习命题逻辑和谓词逻辑，当掌握了现代逻辑的基本知识后，就能像学习数学一样，清晰而无歧义地理解罗素理论的精妙之处。

## 【罗素经典语录】

1. “参差多态乃幸福本源。”

——《自由之路》

2. “对任何事情都不要过于肯定，除非你有绝对的证据。”

——《怀疑论的概论》

3. “战争不决定谁对了，只决定谁留下了。”

——《论和平与战争》

4.“没有什么东西比科学更彻底地摧毁了宗教。”

——《为什么我不是基督徒》

5.“哲学的价值不在于给出确定的答案，而在于扩大我们的思考领域，并增加对问题的理解。”

——《哲学问题》

6.“人类最大的困境在于，明智的人充满怀疑，而愚蠢的人总是充满自信。”

——《知识论导论》

7.“爱情是智慧的开始，是对美和善的热爱。”

——《幸福之路》

8.“多数人的信仰，是由情感和习惯决定的，而不是由理性推理得出的。”

——《为什么我不是基督徒》

9.“世界上有两种伟大的力量：知识与爱。当它们结合时，最伟大的事物就会发生。”

——《幸福之路》

10.“宗教对宇宙的解释通常是人类无知和恐惧的产物。”

——《为什么我不是基督徒》

# 第十七章　维特根斯坦：不存在私人语言

告诉他们，我已经有过非常精彩的人生。

——路德维希·约瑟夫·约翰·维特根斯坦

## 维特根斯坦其人

路德维希·约瑟夫·约翰·维特根斯坦（Ludwig Josef Johann Wittgenstein，1889—1951），奥地利哲学家，是一位天才型人物，性格独特、特立独行。他出生于一个极为富裕的家庭，父亲是奥地利的钢铁大亨，母亲则是名门之后。光是他传奇的一生就足以写满整篇文章：他曾师从罗素学习哲学，在战场上完成了《逻辑哲学论》，随后放弃了家产，离开剑桥到山区小学当老师。可以说，天才的任性使得他的人生充满了戏剧性。

维特根斯坦的哲学风格与众不同，无论是他的写作方式还是思想观点，都非同凡响。如果当今的职业哲学家模仿他的写作方式，恐怕很难顺利毕业或发表文章。然而，抛开他所有的哲学成就不谈，光是他作为真值表方法的发明者这一贡献，就足以使维特根斯坦的天才与伟大永远铭刻在人类历史上。

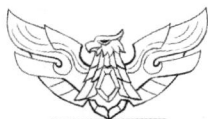

维特根斯坦

欧洲名门贵族
维特根斯坦家族成员

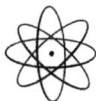

师从罗素，20世纪最有影响力的哲学家之一。

天才，被罗素称为“天才人物的最完美范例”。

“告诉他们，我已经有过非常精彩的人生。”

富有传奇色彩的一生。62岁，因前列腺癌逝世于英国剑桥郡。

## | 超时空采访 |

问题一

维特根斯坦老师，在我看来，您就是一个矛盾的综合体，明明继承了万贯家财，却选择散尽钱财，过着极其简朴的生活；明明渴望爱和温情，需要别人的理解和认同，却又因冷漠、高傲而难以与他人建立亲密关系……

“凡能够说的，都能够说清楚；凡不能谈论的，就应该保持沉默。”

老师，我最不能理解的是，当医生告诉您“只能再活几天了”的时候，您却说道：“告诉他们，我已经有过非常精彩的人生。”

“亏你也是学哲学的！我的人生充实而有意义，我对生命有着深刻的理解与热爱。没错，我已经有过非常精彩的人生。”

哦，老师，是我学艺不精……

注释：维根斯坦生于豪门，并且继承了大量遗产，但他却选择追求极致的精神生活，让常人无法理解。

问题二

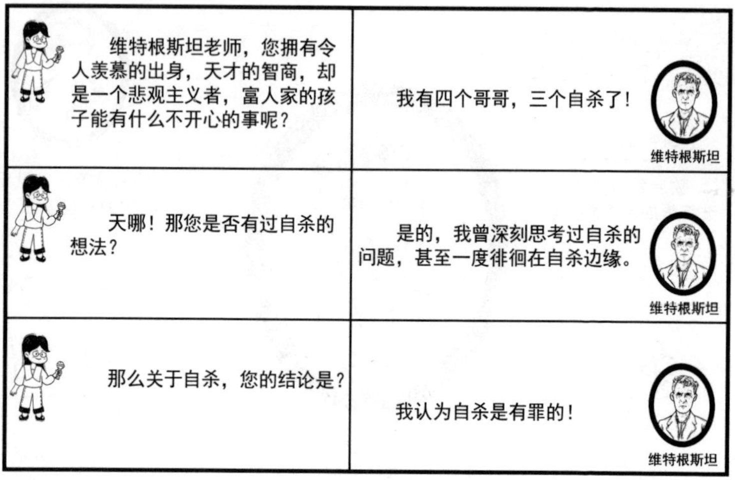

| | |
|---|---|
| 维特根斯坦老师，您拥有令人羡慕的出身，天才的智商，却是一个悲观主义者，富人家的孩子能有什么不开心的事呢？ | 我有四个哥哥，三个自杀了！<br>维特根斯坦 |
| 天哪！那您是否有过自杀的想法？ | 是的，我曾深刻思考过自杀的问题，甚至一度徘徊在自杀边缘。<br>维特根斯坦 |
| 那么关于自杀，您的结论是？ | 我认为自杀是有罪的！<br>维特根斯坦 |

## 意义的图像理论

在《逻辑哲学论》中，维特根斯坦提出了意义的图像理论，这一理论可以用一句话来概括："语言是现实世界的图像。"

想象你在画一幅写实画，画中的桌子、苹果和窗户代表了你当前眼睛所看到的现实世界中的桌子、苹果和窗户。这个理论只是将画作换成了语言和句子。通过词语和语法结构，句子描绘了现实世界的真实状况。

然而，在他后期的哲学发展中，维特根斯坦放弃了《逻辑哲学论》中的许多立场和预设，特别是意义的图像理论。在《哲学研究》中，他对语言的意义提出了新的看法，即"语言游戏"理论。这一理论的核心同样可以用一句话概括：

语言就像游戏一样，有自己的规则，而这些规则就是语言的

“意义”。

## 规则遵循悖论

这是关于如何理解和解释规则的一个哲学问题。

想象一下，你在做简单的加法，例如“2+3=5”或“99+43=142”。维特根斯坦提出的问题是：你怎么确定自己是真的在遵循加法规则，而不是其他规则？

举个例子，作为地球人，我们在同样的标准数学课堂上学到了“加2”的规则，应用这个规则后，得到一个有限序列：0，2，4，6，8，10。

但是，假设你有一个外星人朋友，他学习的加法规则是不同的。他的规则规定“加 2”实际上意味着“加 2，然后减去 1”。根据这个规则，他从 0 开始的有限序列是：0，1，2，3，4，5。

维特根斯坦并不是质疑数学规则本身的客观性，而是想让我们思考：我们是如何理解和解释这些规则的？

数学规则被普遍认为是客观的，这是常识。维特根斯坦用数学规则举例，是为了引发更深的思考：即使是看似客观的数学规则，其意义也不是绝对固定的，而是由我们在特定语境中的使用和解释来决定的。

换句话说，地球人的数学规则离不开地球的“文化土壤”。

## 不存在私人语言

既然语言离不开规则，那么语言能否是私人的？换句话说，是否存在私人语言？

私人语言有点像“加密通话”，但不同之处在于，通话双方都是你自己：一方是语言，另一方是你的感受。例如，当你说“我好饿啊”时，只有你自己能知道这句话是真是假。

不过，这个例子还不够极端。我们再举一个更过分的例子。有这样一个人，我们就叫他小黑吧。某天，小黑突然想创造一套新的语言，用来表达他的感受。他决定用 @ 表示“今天”，用 & 表示“我”，用 # 表示“好饿啊”。于是，当他想说“今天我好饿啊”时，他实际上说的是：“@&#！”

看起来，这套语言似乎只有小黑自己能够理解。

维特根斯坦就是意识到了一些像小黑这样的人，喜欢发明所谓的“私人语言”。他提出了一种观点：如果一种语言可以被理解，它必然是公共的。

理由：

1. 语言的指称机制是习俗性的，依赖于社会中的共同规则。

2. 当我们给某个内在感受命名时，已经预设了我们从习俗中知道“感受”这个词所指的东西是什么。

因此，私人语言不存在！

小黑貌似创造了一套只有他自己理解的“私人语言”，他甚至可以编撰一份表格，记录每个符号对应的感受。乍看之下，这似乎是个聪明的主意。

然而，维特根斯坦指出，这样做有两个问题：

1. 记忆的可靠性问题：你如何确定今天的记忆和当初命名感受时的记忆完全一致？

2. 即便假设记忆可靠，回忆与感受之间的对应关系也是不可靠的。感受的命名依然缺乏客观的标准。

维特根斯坦想告诉我们的是：语言交流并不仅仅是思想和观念的交换，它首先是一套规则体系。我们必须先学习规则，并在这些规则下进行“语言游戏”。

举例来说，当你对别人说“我的手很痛”时，你并不是在表达一种完全私人的感觉。你首先要学会在特定情境下如何使用“痛”的表达（如，手被火烧时发出叫喊或流泪）。其次，你还必须了解这种表达在社会中的功能，比如用来获得别人帮助或医治。

这是一种与传统意义理论完全不同的见解。

## 【维特根斯坦经典语录】

1. “我的语言的界限就是我的世界的界限。”

——《逻辑哲学论》

2. “凡是可以说的，都可以清楚地说；凡是不可说的，必须保持沉默。”

——《逻辑哲学论》

3. “哲学的目标是澄清思想，而不是提出新的理论。”

——《哲学研究》

4. “意义即使用。”

——《哲学研究》

5. “我们生活在一种语言游戏中，语言是我们社会活动的一部分。”

——《哲学研究》

6. “如果一只狮子能说话，我们也无法理解它。”

——《哲学研究》

7. “世界是事实的总和，而非事物的总和。”

——《逻辑哲学论》

8. “命题是现实的一幅图像，它展示了事物如何存在或不存在。”

——《逻辑哲学论》

9. “疑问只能在确定的背景下产生，怀疑本身也是语言游戏的一部分。”

——《论确定性》

10. “伦理学是无法用语言表达的，它属于沉默的领域。”

——《伦理学讲座》

# 第十八章　普特南的孪生地球：意义并不是在脑海里面

意义并不是在脑海里面。

——希拉里·普特南

## 普特南其人

希拉里·普特南（Hilary Putnam，1926—2016）是美国著名的分析哲学家，在心灵哲学、语言哲学、数学哲学和科学哲学等领域都有重要贡献。普特南最初研究的是理论物理学和数学，并曾与他人合作解决过希尔伯特的第十问题。然而，当谈到普特南的哲学成就时，绕不开的两个经典思想实验是缸中之脑和孪生地球。

在本章中，我们将重点讨论孪生地球，它主要涉及语言哲学中的意义理论。经过前面几章的讨论，大家应该对“什么是意义？”或“意义是从哪里来的？”这些问题有了一些初步的认识。到目前为止，大多数理论假设字词的意义是由我们的头脑决定的，意义从而决定了它们的外延（字词所指的对象）。这种观点被称为内在主义。

然而，普特南对此嗤之以鼻，提出了一个大胆的观点：“意义并不在头脑中。”虽然这听起来有些夸张，但为了更好地理解普特南的意思，接下来我们仔细看看他的著名思想实验——孪生地球。

哈佛大学哲学博士学位，在耶鲁大学、普林斯顿大学任教。

分析哲学的先驱，被誉为20世纪美国最重要的哲学家之一。

“意义并不是在脑海里面。”

著名的“缸中之脑”假想

2016年3月13日，在芝加哥的家中因间皮瘤去世，享年89岁。

## 缸中之脑

某一天，疯狂科学家进行了一个秘密手术。他把一个人的大脑从身体上切了下来，放进一个装满维持脑存活营养液的缸中。旁边有一台计算机，连接着大脑的神经末梢。疯狂科学家通过操作计算机，使用电极刺激大脑，借此向大脑输入各种信息，让大脑“看到”或者“感觉到”现实世界。疯狂科学家还可以输入或者截取大脑的记忆。

现在，想象你就是这颗大脑。你如何知道自己所体验的是真实的世界？

普特南通过这个思想实验让我们思考：你如何确保自己不在这种困境之中？换句话说，你如何确保自己不是这颗大脑？普特南借此怀疑我们对世界的理解可能是被塑造的，从而怀疑“现实”的可靠性。

## 孪生地球实验：水是 $H_2O$ 还是 XYZ

直到 1811 年，意大利科学家阿伏伽德罗通过他的伟大实验揭示水的分子构成之前，没有人知道水分子是由两个氢原子和一个氧原子结合而成的。现在，普特南让我们设想一个与我们地球几乎在各个方面都极为相似的星球，我们可以称它为地球 2 号。

地球 2 号与我们这个地球的唯一显著区别在于：“水”的化学成分并不是 $H_2O$，而是 XYZ。我们甚至可以进一步设想，在地球 2

号上也有一个和阿伏伽德罗非常相似的科学家，他同样在 1811 年进行类似的实验，分解出地球 2 号上“水”的化学成分。

需要注意的是，以上提到的“水”都加了引号，这是因为它代表了两颗地球上人们语言中的相应字词，而不是真正的物质。

普特南指出，在 1811 年之前，两颗地球上的人类在头脑中对“水”有着相同的观念。由于当时分子学说还未出现，他们对“水”的理解仅限于：那种透明的、解渴的、沸点为 100℃（等等）的液体。这就是他们头脑中对“水”的概念。他们依据这一观念，决定将满足这些条件的物质命名为“水”（例如，用中文的“水”或其他语言的词汇称呼它）。

到这里，以上讲述的内容反映了当时的主流意义理论，也是普特南想要批判的对象。

## 意义并不是在脑海里面

这还不是故事的全部。

随着分子学说的出现，两个地球的人都知道，过去他们称作“水”的东西，实际上指的是 $H_2O$ 和 XYZ。虽然从化学角度来说，这种表达不够严谨，但这并不是普特南想要强调的重点。

普特南指出，这个思想实验表明，内在主义是行不通的。根据内在主义的观点，字词的所指完全由我们的内在心灵决定。因此，处于相同心理状态的人，应该指向相同的事物。然而，在孪生地球的例子中，虽然在分子学说出现之前，地球和孪生地球的人对“水是什么”有着相同的观念，但他们实际上指的是不同的东西。地球人所说的“水”（shuǐ）指的是 $H_2O$，而孪生地球人所说的“水”（shuǐ）指的是 XYZ。

这就像我们不能说，在电子学说出现前电子不存在，或在新大陆被发现前新大陆不存在一样。语言的意义不在我们的脑海里！

普特南认为，当地球上的某个人第一次面对湖泊或河流中的透明液体，并将其命名为“水”时，这个称呼就已经决定了“水”指的就是 $H_2O$。同样，孪生地球上也发生了类似的情况，只不过他们的“水”指的是 XYZ。

普特南的观点可以用一句话概括：语言的意义是外在于我们的头脑的。这个观点被称为外在主义。

具体而言，外在主义认为：字词的意义不仅取决于我们的内在状态，还取决于它们在外部世界中的使用和所指。普特南对内在主义的批评是合理的，因为内在主义无法为地球和孪生地球中的现象提供合理的解释。

试想一下，根据内在主义的观点，当地球上的人说“水是 $H_2O$”时，这句话表达的是：“某种透明的、能解渴的、沸点为 100℃的液体是 $H_2O$。”但这个解释无法保证“水是 $H_2O$”为真，因为这种液体也可能是 XYZ。

然而，外在主义能够解释“水是 $H_2O$”为真的原因。根据外在主义，“水是 $H_2O$”实际上表达的是：那个与我们通过特定方式建立了因果关系的东西是$H_2O$。由于地球的人只与$H_2O$建立了这种因果关系，所以“水是$H_2O$”是一个真理。

毕竟，因果关系并不依赖于我们的意志。

对因果关系的重视是普特南思想的关键，这一思路将在下一章讨论克里普克时再次出现，我们会更深入探讨这一问题。

## 【希拉里·普特南经典语录】

1.“头脑并不只是大脑的状态，头脑是与世界的互动。”

——《理性、真理与历史》

2.“意义并不是在脑海里面。”

——《“意义”的意义》

3.“‘缸中之脑’这一悖论表明，我们对现实的怀疑性推理无法撼动我们对世界的根本信念。”

——《理性、真理与历史》

4.“概念相对主义是自我矛盾的，因为它本身是一个绝对性的陈述。”

——《实在论与理性》

5.“科学实在论的核心是认为，科学理论的术语确实指称实际存在的事物。”

——《实在论与理性》

6.“不存在任何单一的、绝对的、完美的视角能涵盖世界的全部真相，世界是多元的。”

——《多元实在论》

7. “知识既不纯粹是主观的，也不纯粹是客观的，它在于个人与世界的复杂互动。”

——《实践中的理性》

8. “思想和世界的关系并不是消极的反映，而是主动的参与。”

——《心、语言与现实》

9. “计算机永远无法完全模拟人类的思维，因为思维并不只是规则的执行，而是有意识的经验和情感。”

——《心灵与机器》

10. “道德和事实不可分离，道德价值观对我们的理解方式有直接影响。”

——《事实与价值》

# 第十九章　克里普克的因果指称理论：1968 年的美国总统是?

> 某种大脑状态和某种疼痛之间并不存在必然的同一性，因为我们可以想象这样一个世界：在那里人们（或非常类似人类的存在）具有相同的大脑状态，却没有任何疼痛，甚至没有任何感觉。
>
> ——索尔·克里普克

## 克里普克其人

索尔·克里普克（Saul Kripke，1940—2022），美国逻辑学家和哲学家，模态逻辑语义学创始人之一。

回顾一下我们一路走来的意义理论讨论。我们首先关注了一个常见的语言交流现象：A 向 B 传达一个表达，B 理解了这个表达的“意义”，并给出反馈，而 A 则根据情况决定是否继续或终止沟通。

哈佛大学数学学士，
曾在多所知名大学任教

模态逻辑语义学创始人之一
指称因果-历史论首倡者之一

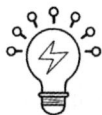

著名的“因果指称理论”

“1968年的美国总统是？”

2001年荣获肖克奖，这个奖
被誉为逻辑学和哲学领域的
“诺贝尔奖”

例如，历史老师在黑板上写道：“清帝在 1912 年 2 月 12 日正式退位。”同学们因此了解了这一历史事实：清朝皇帝在 1912 年 2 月 12 日正式退位。

问题是：如何解释这种现象？为什么通过黑板上的几个字，同学们就能学习到一个距离现在已经一百多年的历史事件？

这个问题乍看起来有些奇怪，语言学家似乎总是在提出这些“奇怪的问题”。但实际上，这个问题非常重要，因为它引导我们深入思考语言背后深层次的机制。

语言哲学家们解释道：因为语言有所指。这个“有所指”的东西就是语言的指称。于是，接下来的问题是：指称是如何运作的？换句话说，指称的机制是什么？

在前面几章中，我们讨论了一些著名的指称理论，包括弗雷格的意义理论、罗素的摹状词理论和普特南的孪生地球思想实验。虽然这些理论各自有其贡献，但也都存在局限性。为了弥补这些缺陷，新的指称理论不断被提出。

接下来，我们将探讨一种与专名有关的理论——因果指称理论，它是为了克服摹状词理论的不足而提出的。

### 摹状词理论的局限

专名，全称为“专有名词”，是指称特定个体的词汇。例如，“苏格拉底”这个专名指的是特定的历史人物苏格拉底。与专名相对的是“普通名词”，它描述的是一类对象。例如，“猫”是一个普通名词，它指代的不是特定的某只猫，而是猫这一类动物。

“空名”是指没有实际指代对象的词汇。比如，“孙悟空”是一个空名，因为它指向的并不是现实中存在的事物，而是一个虚构角色。

在理解这些基本术语后，我们可以探讨摹状词理论的局限性。

考虑这句话：“孙悟空会七十二变。”我们都知道，孙悟空并不存在，只是小说中的虚构角色，因此它被视为一个空名。有一种指称理论称为直接指称理论，该理论认为，如果专名没有实际的指向，那么这个命题要么没有意义，要么是一个假命题。这显然不是我们所期望的结果。

此时，摹状词理论提出了解决方案：我们可以对“孙悟空”这个专名进行分析，将其还原为一组描述，例如（吴承恩所著《西游记》中的角色；在故事中是唐僧的大徒弟；前往西天取经……），通过不断叠加这些描述，我们能够得出“孙悟空是会七十二变的”这一结论。这个方法在一定程度上成功地解决了空名的问题。

然而，这一理论也存在两个缺陷：

（一）不同的人可能对同一个专名所对应的描述有不同的理解。例如，当你提到“华盛顿”时，可能会想到“美国独立战争时期的陆军总司令”“美国第一任总统”等；而对方可能只知道他是“美国国父”“诚实的小孩”等。虽然你们的描述都是正确的，但如何确保你们在谈论的是同一个人呢？

（二）专名和摹状词是不同的，简单地将专名还原为摹状词可能会导致误解。

## 1968 年的美国总统是？

克里普克让我们考虑下面两个命题：

命题 1：1968 年美国总统选举中获胜的人可以不是尼克松。

这个命题显然是真的，因为在 1968 年的选举中，可能有其他候选人当选，也有可能尼克松输给他的对手汉弗莱，或者尼克松根本就没有参选。

命题 2：1968 年美国总统选举中获胜的人可以不是 1968 年美国总统选举中获胜的人。

这个命题（至少从表面上看）是矛盾的。

为什么会有这种区别？

克里普克认为，原因在于专名和摹状词之间存在本质的区别：专名是严格指示词。

命题 1 中，“尼克松”是一个专名，它严格指向尼克松这个人。但命题 2 中的“1968 年美国总统选举中获胜的人”只是摹状词。

作为指示词，专名“严格”在哪里呢？

克里普克说，严格指示词是在任何一个可能世界中都指向同一个对象的词。也就是说，即使在平行时空中，“苏格拉底”这个专名也必须指向平行时空中的苏格拉底这个人！严格，实在是太严格了。

克里普克接着追问：这是如何做到的？他提出了一个“因果指称理论”来解释专名的特性。根据这一理论，名字之所以能指代特定的人或事物，是因为存在一个从最初命名到现在使用的“因果链”。

例如，过去，有人为一条狗取了个名字叫“八公”，这个名字通过人与人之间的交流不断传递。即使现在我们对这条叫“八公”的狗一无所知，只要我们使用“八公”这个名字，我们就和那条叫“八公”的忠犬建立了实际的因果联系。

那么，如果名字所指向的对象不存在怎么办？以“孙悟空”为例，这个空名并没有实际的命名事件来维系因果联系，因为这只泼猴根本不存在。然而，为什么人们仍然愿意相信“孙悟空住在花果山”这句话是有意义的呢？

克里普克提出了一个托词（Pretense）理论来解释这个现象。

他说：当我们谈论《西游记》的内容时，我们假装认为“孙悟空”是严格指示词，特指吴承恩创作并给它命名的那一瞬间。

但是，严格来说，我们谈论“孙悟空”的每一句话都是假的，因为“孙悟空”并不存在于现实世界中，从而无法在物理世界中的因果链条中扮演任何角色。

那么，既然我们知道“孙悟空”不存在，我们总可以确定“孙悟空不存在”这句话应该是真的了吧？

“不，”克里普克说，“根据我的因果指称理论，我们也无法确定‘孙悟空不存在’是真的。”

这是对孙悟空存在的否定命题，托词理论在这里也失效了。因为没有人会在谈论某个东西不存在时还假装它存在。

人们称这类断言某个东西不存在的命题为“存在否定命题”。时至今日，对存在否定命题的讨论仍然是一个研究的热门主题，如何提供一个语义学框架去解释所有的语言现象仍然是语义学家和哲学家的一个目标。

## 【克里普克经典语录】

1. “必然真理和先天真理不是同一个概念；有些必然真理是后天获得的。”

——《命名与必然性》

2. “名字的指称并不是通过描述，而是通过一种历史链条的传递，称为因果链。”

——《命名与必然性》

3. “对于某些对象，可能的世界并不是它们的一个变体，而是它们在不同情况下可能呈现的状态。”

——《命名与必然性》

4. “有些命题是后天的必然真理，例如‘水就是$H_2O$’，虽然通过经验得知，但它在所有可能世界中都是必然的。”

——《命名与必然性》

5. “模态逻辑帮助我们理解可能性、必然性和偶然性等概念。”

——《模态逻辑》

6. “僵尸论证是关于心灵哲学的假设，认为可以设想有与我们相同的物理构造却没有意识的生物。”

——《哲学思维实验》

7. “命名的语义基础不是基于某些描述，而是直接由现实中的个体决定的。”

——《命名与必然性》

8. “哲学中的某些问题永远不会有明确的解决办法，但这并不意味着这些问题没有意义。”

——《命名与必然性》

9. “名称的固定指称是通过一种指称的最初‘命名’确定的，

并且通过因果链传递给其他语言使用者。”

——《命名与必然性》

10.“语言的使用不仅仅是符号的操作，它是与现实的直接互动，是通过历史和社会环境塑造的。”

——《命名与必然性》

# 第二十章　刘易斯的模态实在论：可能世界和现实世界一样真实

可能世界和现实世界一样真实。

——大卫·刘易斯

## 刘易斯其人

大卫·刘易斯（David Lewis，1941—2001）是美国哲学家，被广泛认为是20世纪最重要的哲学家之一。刘易斯堪称哲学全才，他在语言哲学、心智哲学、概率哲学、认识论、哲学逻辑、美学、数学哲学、时间哲学和科学哲学等多个领域都有重要贡献。

在这里，我们主要介绍他在语言哲学和逻辑学中的一部分工作，尤其是他关于语义学的贡献，更具体地说是他的可能世界语义学理论。

## 模态逻辑和可能世界语义学

在讨论大卫·刘易斯的可能世界语义学之前，我们必须简单介绍一下什么是模态逻辑。虽然"模态"一词听上去非常高端、让人困惑，但实际上它并不是特别深奥的概念。

1967年获哈佛大学哲学博士学位，师从蒯因

研究领域广泛：逻辑学、语言哲学、形而上学、数学哲学、心智哲学等，研究重点是模态逻辑与模态哲学。

“可能世界和现实世界一样真实。”

1970年在普林斯顿大学哲学系任教，直至2001年去世。

主要思想：

哲学思想：概念实用主义，模态实在论

逻辑思想：模态逻辑

狭义上，模态指的是包含“必然性或偶然性”的表达，例如“人类不可能在五秒内跑完一百米”或“物质不可能超光速移动”。这里的“可能 / 不可能”“可以 / 不可以”就是模态词。

模态逻辑是研究“可能性”和“必然性”等概念的逻辑体系。和数学或几何一样，模态逻辑可以进行严格的推导。它可以被看作是现代哲学家和逻辑学家带给世界的一项重要成就。通过这项工具，人们能够对反事实条件句以及各种涉及模态概念的推理进行细致的分析，而不再简单地回避假设性问题。

所谓反事实推理是指前提为假（与事实不符）的条件句。例如：“如果现在刮台风，我就不用去上学了。”（此时并没有台风。）

模态逻辑为哲学家提供了一个清晰的框架，用以讨论过去令人头疼的问题，如因果关系的本质、事物的潜力和倾向等。

（可能世界语义学："我们所处的世界只是众多世界中的一个。"）

语言学家和逻辑学家通常将一门语言分为两部分：语形（syntax）和语义（semantics）。大致来说，语形研究的是语言的结构、组成以及推理规则；而语义则负责研究意义、所指和真假等概念。

可能世界语义学为我们提供了一个标准，用来判断模态命题（涉及"必然"或"可能"）的真假。不过，在此之前，我们需要了解可能世界语义学的一些基本概念：

1. 可能世界：指的是事物可能发生的所有完整方式，每个可能世界都代表一种事态的全貌。

2. 现实世界：是指事实上发生的所有事情的总和，即我们当前所在的世界。

3. 可入关系：指的是不同可能世界之间的"可进入"关系。需要注意的是，这里的"可进入"不是物理意义上的穿越，也不是物理学中通过虫洞穿越平行世界的想法，而是一种逻辑上的关系。

根据可能世界语义学，当我们谈论"X 是必然的"或"X 是可能的"时，我们实际上是在对可能世界进行量化。

例如，当我们说"物质不可能超光速移动"时，我们的意思是：在与现实世界具有可入关系的所有可能世界中，没有任何一个可能世界中的物质能超光速移动。

同样地，当我们说“泰坦尼克号可以避免撞上冰山”时，我们的意思是：存在一个与现实世界可入的可能世界，在这个世界里，泰坦尼克号及时转向，避免了撞上冰山。

模态实在论：“可能世界和现实世界一样真实。”

大卫·刘易斯的主要工作是对前面提到的三个基本概念（现实世界、可能世界、可入关系）及其相互关系进行诠释：

1. 现实世界与可能世界同样真实，即便可能世界是看不见、摸不着的。这就是为什么刘易斯的立场被称为“模态实在论”。现实世界之所以被称为现实世界，只是因为我们身处其中。而从某个可能世界的人的角度来看，他们所处的世界也是现实世界。

2. 世界与世界之间是因果独立的，彼此没有干涉。那么如何判断世界与世界之间是否存在可入关系呢？刘易斯认为，这取决于语境的相关性。

虽然这听起来有些模糊，但这种模糊性也是它的优点，因为谈论必然性和可能性本身就是一个模糊的领域。

举例来说，当我们说“物质不能超光速运动”时，我们谈论的是物理上的可能性。我们考虑的可入世界是那些与我们共享相同物理规律的世界。

再比如，当我们说“人类不可能在五秒内跑完一百米”时，我们谈论的是生理学上的可能性。然而，总有一些可能世界中，由于基因突变或机械技术的原因，人类变成了超级生物，能够在五秒内跑完一百米。如果我们将这些世界也算作可入世界，那么“人类不可能在五秒内跑完一百米”这句话就不成立。

因此，当我们考虑模态命题（如“必然”或“可能”）的真假时，必须明确背景和语境。只有在共同的基础上，才能达成共识。模态命题的真假取决于语境的相关性。

当然，并不是每个人都能接受刘易斯的主张，认为可能世界和我们的世界同样实在。刘易斯本人也承认，这个主张确实违反常识。但他坚持认为，假设可能世界与现实世界同样真实，从理论上讲更有优势，能够以最低的成本解决最多的问题。

## 【大卫·刘易斯经典语录】

1. “可能世界不仅仅是逻辑上的假设，它们是真实的存在，只是与我们所在的世界不同。”

——《可能世界的形而上学》

2. “真理等同于在某个可能世界中的事实。”

——《可能世界的形而上学》

3. “反事实条件句的真值依赖于我们在最近最相似的可能世界中找到的情况。”

——《反事实条件句》

4. “所有的世界都同样真实，我们所生活的世界只是其中之一，相比其他世界没有特别的优越性。”

——《可能世界的形而上学》

5.“人们的行为是由他们在所有可能世界中的行为决定的，反事实思考能够揭示他们的选择模式。”

——《反事实条件句》

6.“因果关系是基于事件之间的链条，它们在不同可能世界中的变化决定了因果链条的真值。”

——《因果性》

7.“心理状态在不同可能世界中的表现，可以用来解释我们的心理反应和决策模式。”

——《精神的物理主义与心理状态》

8.“客观道德事实存在于所有可能世界中，我们对道德的理解应该超越我们的现实经验。”

——《道德实在论》

9.“时间旅行是逻辑上可能的，尽管它带来了许多哲学上的悖论，但它在可能世界中是可以得到解释的。”

——《时间的悖论与时间旅行》

10.“所有的哲学争论本质上都是关于某个可能世界中的某种情况的解释差异。”

——《可能世界的形而上学》

# 第五篇
# 知识与逻辑

与其问“我们如何认识这个世界”，哲学家们更关注“我们的知识如何被证明为可靠”。认识世界和获得可靠知识并非同一回事。自古以来，知识与逻辑的问题始终萦绕在人类的思考中。康德提出的先天综合命题挑战了经验与理性的界限，而蒯因则对逻辑实证主义进行了深刻批判，揭示了语言与逻辑的复杂性。葛梯尔问题动摇了传统的知识定义，刘易斯·卡罗尔通过“阿喀琉斯与乌龟的第二次挑战”质疑了演绎推理的可靠性，贝纳瑟拉夫的识别问题进一步引发了关于数学和抽象对象的本质争论，尼尔森·古德曼的新归纳问题则考验了科学归纳推理的有效性。本篇将探讨这些哲学家对知识与理性的独特见解，帮助我们思考：在复杂的世界中，什么才是可靠的知识？

# 第二十一章　康德的先天综合命题：先天综合判断是可能的

我们所有的知识都开始于感性，然后进入到知性，最后以理性告终。没有比理性更高的东西了。

——伊曼努尔·康德

## 康德的知识论

我们在第八章已经讨论过康德的义务伦理学（deontological ethics），而康德在知识论方面也有着极其重要的贡献。本章我们将重点讨论康德的知识论。

知识论是康德哲学的核心内容，也是他哲学体系中的重头戏。在“三大批判”中，康德探讨了知识的起源、性质、限度和可能性等问题。

在知识论领域，康德的“批判哲学”整合了经验主义和理性主义两大传统。他主张，知识既依赖于认识主体的感性经验，也受到先验概念的影响，即人的先天认识条件与外部经验共同作用。因此，康德开创了现代知识论，奠定了这一领域的重要基础。在本篇中，我们将首先探讨康德的知识论。

**科学的知识论原则："哥白尼革命"**

康德究竟做了什么呢？在他所处的时代，哲学常以批判为起点，而康德的哲学也是如此。他首先对传统的知识论进行了批判。

知识论的核心问题之一是：知识的来源是什么？

传统知识论，尤其是经验主义，主张知识的来源在于外界事物，我们通过感官经验来认识世界，经验主导着我们的知识。例如，牛顿通过观察苹果掉落到地上而非飞向天空，从这个现象出发，经过思考和反复实验，最终发现了万有引力定律，这一发现奠定了古典物理学的基础。

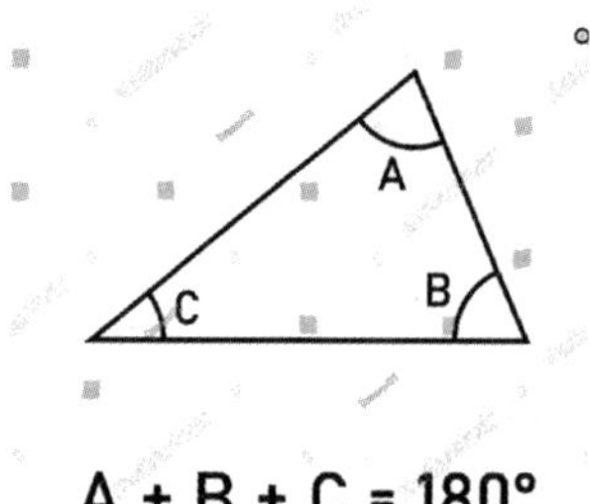


例如，通过经验观察，我们会发现，在欧几里得几何学的二维平面中，三角

形的三个内角之和永远等于 180 度。

“知识来源于外界事物。”传统知识论对此深信不疑。

然而，康德有不同的看法。他主张，认识对象必须符合我们的认识条件和思维结构。即“事物应该符合我们的认知，而不是我们的认知符合事物”。

这一观点与传统知识论完全相反，是一种彻底的颠覆！

事物应该符合我们的认知，而不是我们的认知符合事物。

（Instead of our knowledge having to conform to the objects, the objects must conform to our knowledge）

过去，哥白尼提出了“日心说”，挑战了传统的“地心说”。哥白尼指出，太阳才是宇宙的中心（更准确地说，是太阳系的中心），地球围绕太阳旋转，而非如“地心说”所主张的那样，太阳围绕地球旋转。

康德对传统知识论的颠覆，与哥白尼对天文学的革命产生了类似的效果（尽管稍有夸张）。因此，康德的这一思想被称为知识论中的“哥白尼革命”或“先验转向”。这是因为康德将对知识来源问题的思考起点，从客体转向了认识的主体，即我们的认识结构决定了我们如何理解世界。

## 先天综合判断是可能的

康德的批判并未就此结束。

传统知识论中有两大阵营。经验主义主张所有知识来源于经验，代表人物是大卫·休谟。

没错，我就是那个“快乐的胖子”，也是经验主义代表人物之一。

而与经验主义同样强大的另一派是理性主义，这一派认为知识是先验的，即在经验之前存在，必须通过理性加以认识。理性主义的代表人物有笛卡尔和莱布尼茨，这两位都是响当当的哲学巨匠。

我可是“近代哲学之父”“解析几何之父”，小莱，你跟我比还是差了点儿。
笛卡尔

前辈，哥们儿也不差啊！江湖人称德国“最后一位全才”。
莱布尼茨

在认识论领域，经验主义和理性主义长期分庭抗礼，彼此争锋不让。然而，大卫·休谟的出现打破了这种微妙的平衡。

在第七章中，我们讨论过休谟的重要理论——“休谟之叉”。

这里可以再回顾一下，休谟将所有知识分为分析命题和综合命题，并根据这一分类提出了对必然性和因果关系的深刻怀疑。

休谟对因果关系的怀疑几乎动摇了科学的哲学基础，因为他否认了通过经验发现因果关系的可靠性。对于科学来说，这一怀疑无疑是致命的打击。与此同时，牛顿物理学的成功证明了稳定的自然规律的存在，这与休谟的怀疑形成了强烈的矛盾。

如何解决这一矛盾？对于当时的科学界和哲学界来说，这一问题极为重要，但很少有人能够破解这一难题。这时，来自柯尼斯堡的一位普通教师站了出来，他就是康德。

康德决心重新思考知识的基础，他试图解释科学（尤其是数学和纯粹自然科学）如何能够具有普遍性和必然性。在此过程中，康德提出了一个重要的哲学概念：先天综合判断（Synthetic a priori），以及伴随而来的核心问题——“先天综合判断如何可能？”这个问题构成了康德认识论的核心。

先天综合判断的概念结合了两类基本判断的特性：分析判断和综合判断。从字面上看，它将这两类判断融合在一起：

现在用一个图表来简单回顾什么是分析判断和综合判断（也可以参考第七章“休谟之叉”部分）：

| 【分析判断】（有效性取决于定义本身） | 总是→ | 先验的（先于经验） | 例：“三角形有三条边。” |
| --- | --- | --- | --- |
| 【综合判断】（有效性无法从定义本身推出） | 总是→ | 综合的（后于经验） | 例：“水在100℃时会沸腾。” |

我们现在有了分析判断（设为 A）、综合判断（设为 B）两个选项，接下来将它们与先验的（属性 X）和后验的（属性 Y）进行交叉组合，得到以下图表：

| | 先验的（X）<br>普遍的、必然的 | 后验的（Y）<br>取决于经验的、偶然的 |
| --- | --- | --- |
| 分析判断（A） | 例：所有单身汉都是未婚成年男性。 | × |
| 综合判断（B） | 【先天综合判断】<br>康德：这是可能的。例如“7+5=12”。<br>休谟：这是不可能的。 | 例：“加勒比海的沙滩是白色的，海是蓝色的。” |

由综合判断（B）和先验判断（X）结合而成的判断，就是先天综合判断。这个过程可用下面等式表达：

综合判断（synthetic）+ 先验的（a priori）

=

先天综合判断（Synthetic a priori）

现在，一切都很清晰了。先天综合判断同时具有综合判断和先验判断的特性，也就是说，它既扩展了我们的知识，又具有普遍性和必然性。然而，它并不是依赖于经验的产物。

以“7+5=12”为例。虽然我们可以通过经验观察到 7 根火柴和 5 根火柴加起来总是等于 12，但这个知识并不真正来自经验，而是通过理性推导出的一种先天综合判断。这个真理适用于所有情况，不论这些火柴是否分布在地球的两端，7 加 5 的结果总是必然等于 12。因此，它既超越了单纯的经验，也不依赖于特定的观察。

这就是康德的答案：“先天综合判断是可能的。”

那么，为什么这个理论如此重要？

康德的这一理论意义重大，因为如果先天综合判断是可能的，那么纯粹的数学和自然科学就是可能的。数学和科学的基本定律具有先天性，它们不依赖于经验的验证，而是基于理性推导出的普遍和必然的真理。同时，与单纯的“分析判断”不同（这些判断的真理仅依赖于语词或概念的逻辑关系），先天综合判断能够扩展我们的知识，而不仅仅是揭示已有概念中的隐含信息。

通过这场“认识框架下的哥白尼革命”，康德将知识的基础置于人的认识主体固有的感性和理性结构之中，统一了经验和理性在认识中的作用。他解释了我们为什么能够获得对世界的可靠且普遍的认识。康德的理论不仅巧妙地调和了经验主义和理性主义的争端，还重新巩固了曾经被休谟的怀疑所动摇的科学哲学基础。

# 第二十二章　蒯因对逻辑实证主义的批判：经验主义的两个教条

存在就是成为约束变量的值。

——威拉德·冯·奥曼·蒯因

## 蒯因其人

大家好，我是威拉德·冯·奥曼·蒯因，蒯(kuǎi)，我猜你们就不认识这个字。其实，我的中文名翻译为威拉德·奎因也可以。

威拉德·冯·奥曼·蒯因（W.V.O. Quine，1908—2000），美国著名的分析哲学家。蒯因出生于美国一个普通的中产阶级家庭，本科时主修数学，后来在哈佛大学获得哲学博士学位，一直都是名列前茅的学者。蒯因对数学和逻辑有着浓厚的兴趣，毕业后，他主要在哈佛大学任教，专注于数理逻辑的研究工作。此外，蒯因对语言学也颇有兴趣，精通多国语言，是那种兴趣广泛且在每一领域都深有造诣的人物。

蒯因的代表作包括《从逻辑的观点看》（1953 年）和《经验主义的两个教条》（1951 年）。这些作品对 20 世纪的哲学，特别是分析哲学产生了深远影响。

## ｜超时空采访｜

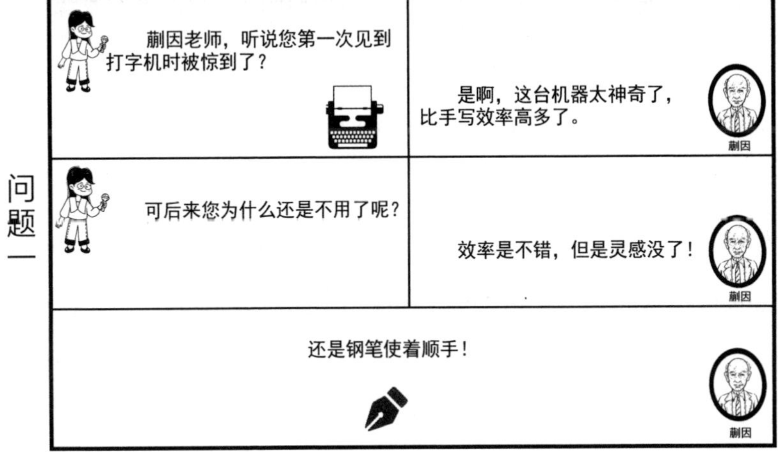

问题一
蒯因老师，听说您第一次见到打字机时被惊到了？
是啊，这台机器太神奇了，比手写效率高多了。
蒯因
可后来您为什么还是不用了呢？
效率是不错，但是灵感没了！
蒯因
还是钢笔使着顺手！
蒯因

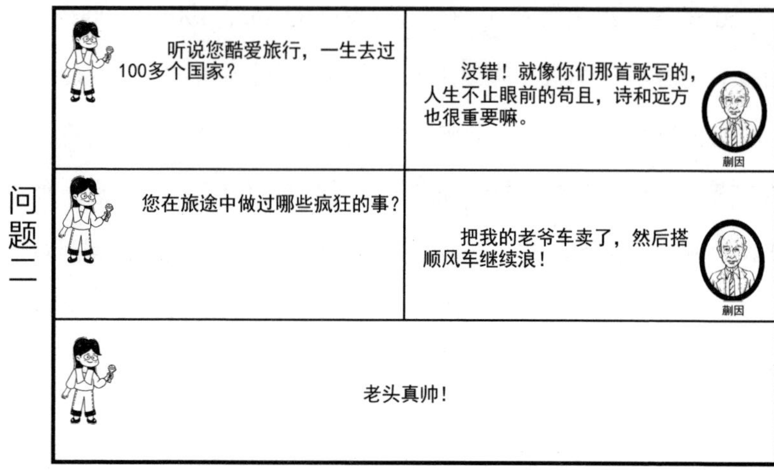


## 逻辑实证主义和还原主义

时间来到20世纪初，随着过去两个世纪基础科学，尤其是物理学的飞速发展，哲学研究也受到了科学思潮的强烈影响。在这一时期，一种影响广泛的哲学运动在全球范围内兴起，最初发源于欧洲，后来扩散至美国。这一运动的名字就是逻辑实证主义，英文为Logical Positivism或Logical Empiricism。

逻辑实证主义的核心阵地是维也纳学派，其代表人物包括莫里茨·石里克（Moritz Schlick）和鲁道夫·卡尔纳普（Rudolf Carnap）。这两位哲学家在现当代哲学史中赫赫有名。然而，今天我们要介绍的不是具体的人物，而是整个逻辑实证主义运动的核心思想。

逻辑实证主义的核心思想可以归纳为两个主要命题：

1　只有能够通过经验验证的命题才是有意义的。

2　哲学的任务是对科学语言进行逻辑分析。

第一个命题是逻辑实证主义的核心主张，这个命题由两个部分组成。第一部分是经验主义，该部分强调经验在验证命题中的唯一重要性，逻辑实证主义由此得名。第二部分是还原主义，这一部分主张“每一个有意义的命题都可以被还原为直接的经验命题”。因此，逻辑实证主义不仅强调经验的重要性，还强调通过经验对命题进行验证和还原。

在 20 世纪 30 年代，逻辑实证主义从欧洲传播到美国，尤其是在第二次世界大战之后，许多逻辑实证主义者移居美国，促进了美国逻辑实证主义和分析哲学的繁荣。然而，随着其影响的扩大，逻辑实证主义也遭到了来自各方面的批评，其中最著名的批评之一来自蒯因——也是我们本章的主角。

## 经验主义的两个教条

在 1951 年的《经验主义的两个教条》（Two Dogmas of Empiricism）一文中，蒯因首先将矛头对准了逻辑实证主义的第一个“教条”：分析命题与综合命题的区分。传统上，分析命题被定义为那些仅凭词义本身即可被认为是真实的命题，因此它们在逻辑上是必然的，独立于经验。而综合命题则依赖于经验验证（此处可回顾我们在休谟与康德章节中对这一区分的讨论）。

例如：

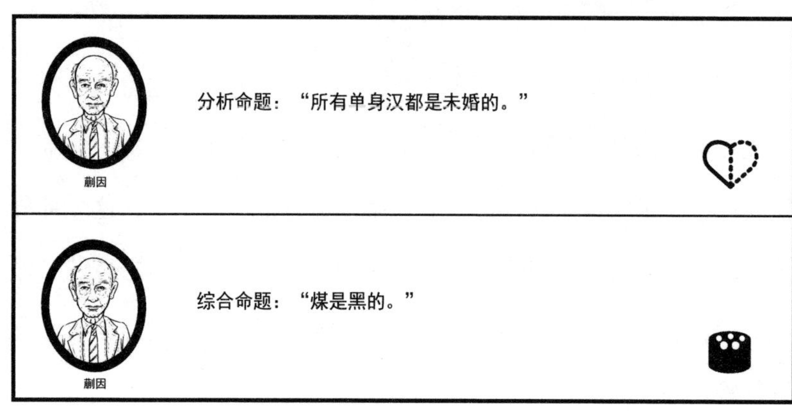


这个区分究竟出了什么问题呢？蒯因发现，传统对分析命题的定义存在重大缺陷。我们不妨跟着他的思路，重新审视以下这个分析命题：

P："所有单身汉都是未婚的。"

这个命题之所以是分析命题，是因为主词"单身汉"本身就包含了"未婚"的意思，换句话说，"单身汉"和"未婚男人"是同义词。因此，我们可以将这两个词调换位置，得到：

Q："所有未婚的男人都是单身汉。"

显然，Q和P表达了相同的意思，并且都是显而易见的真命题。这里，蒯因的第一个发现是：分析命题的成立依赖于语词之间的同义关系。

接下来，蒯因引导我们进一步思考：同义词的同义关系是如何确定的呢？一种常见的方法是通过看两个词是否能在某些分析命题中互换，并且不改变命题的真值。例如，“单身汉”和“未婚男人”在分析命题中可以互换，且命题的真值不变，所以我们认定它们是同义词。

再比如“快乐”和“高兴”，因为它们在命题“快乐的人也是高兴的人”中互换位置后，变成“高兴的人也是快乐的人”，而命题的真值保持不变，因此我们认为“快乐”和“高兴”是同义词。

至此，我们得出了蒯因的第二个发现：同义关系的成立依赖于分析命题的成立。

由此，蒯因揭示了传统分析命题定义中的关键问题：分析命题的定义依赖于同义词的概念，而同义词的定义又依赖于分析命题，这就导致了循环论证，这使得区分分析命题和综合命题变得不可靠，因此传统的二元划分也不再具有稳固的基础。

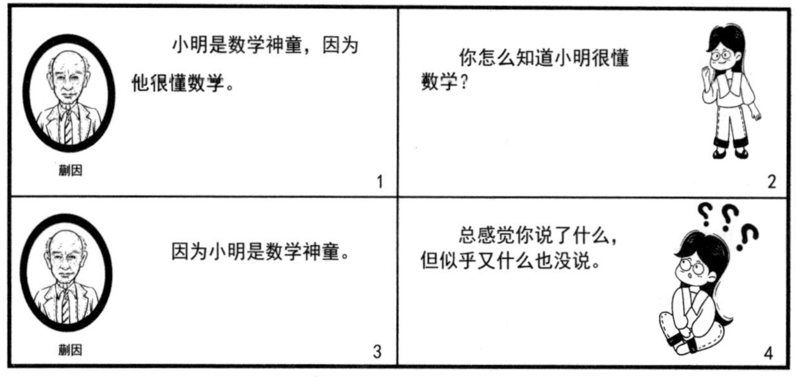

随后，蒯因将矛头指向逻辑实证主义的第二个教条：还原主义。还原主义认为，所有有意义的命题都可以被还原为直接的经验命题。我们来看一个例子：

命题 W："水是由氢和氧组成的。"

按照还原主义的方法，我们可以尝试将 W 还原为一系列的经验命题：

首先，通过实验，我们观察到水在电解过程中分解为氢气和氧气，由此得到经验命题 W1："水在电解过程中分解为氢气和氧气。"

其次，通过燃烧氢气和氧气生成水的过程，我们得到第二个经验命题 W2："燃烧氢气和氧气会生成水。"

通过将命题 W 还原为 W1 和 W2，我们验证了还原主义的主张。

那么，这种还原方法的问题在哪里呢？蒯因指出，并不是所有科学命题都能够被还原为经验命题。一些复杂的科学理论，尤其是现代物理学中的某些概念，无法通过经验直接验证。例如，量子力学中的许多概念，如波函数、量子纠缠和叠加态等，都不能被还原为简单的经验命题。

以量子纠缠为例，两个或多个量子系统可以处于纠缠态，但这种纠缠状态本身无法被直接观察到，我们只能通过测量结果的相关性来推断它们的存在。

蒯因由此得出结论："语言的意义和命题的真值是通过整个语

言体系的运作来确定的，而不是通过单独的经验观察。”还原主义将世界过于简单化了。

蒯因对传统逻辑实证主义的批判是深刻且具有前瞻性的。他挑战了传统知识论的框架，推动人们从整体的视角去理解语言、命题和知识的复杂性。从此，美国的分析哲学得到了蓬勃的发展。

# 第二十三章　葛梯尔问题：知识是得到辩护的真信念吗

> 在这种“被证实”的意义上，一个人有可能在相信一个实际上是错误的命题时仍然是有理由的。
>
> ——爱德蒙德·葛梯尔

## 葛梯尔其人

爱德蒙德·葛梯尔（Edmund Gettier，1927—2021），也翻译为埃德蒙德·盖帝尔，美国哲学家。虽然他并不属于那种广为人知的大哲学家，但在知识论领域中，他却是一个传奇人物。如果不是哲学专业人士，可能一辈子也不会听说他的名字。然而，葛梯尔凭借一篇仅有三页纸的论文，改变了知识论讨论的方向，并引发了持续几十年的哲学辩论。

马萨诸塞大学
艾默斯特分校名誉教授

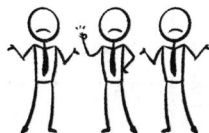

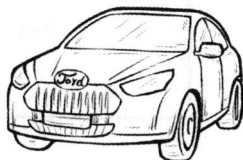

“空地上的奶牛”思想实验

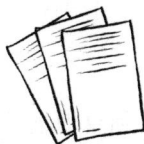

“写论文，三页纸就够了！”

著名的“葛梯尔问题”

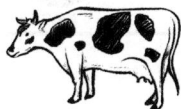

## | 超时空采访 |

问题一

爱德蒙德教授，您在提出那个让哲学界沸腾的“葛梯尔问题”时，是灵光一闪的顿悟，还是某个日常观察或梦境中的启示激发了您的思考呢？能和我们分享一下那个“啊哈”时刻吗？

“啊哈”时刻其实是不存在的，该理论源自于本人多年对认识论的深入思考。不过在某一个宁静的午后，我相信确实有灵感闪现……啊哈！

葛梯尔

问题二

爱德蒙德教授，如果时光可以倒流，您最希望与哪位历史上的哲学家共进晚餐？您会准备哪些话题来与他/她深入交流？

那肯定是跟老苏（苏格拉底）喝一杯啊，我对他的诘问法和“自知其无知”的哲学思想很感兴趣。

## 空地上的奶牛

一位农夫在找他的牛，看到草地远处有黑白斑点，他以为那是他的奶牛，于是农夫放心了。因为他“看到了奶牛在草地上”。然而，事实上他看到的只是一大块缠在树上的黑白相间的纸，而奶牛则藏在树后面。于是问题出现了，虽然奶牛确实一直在草地上，当农民说自己知道奶牛在空地上时是否正确？

这个实验说明，即使一个信念有依据且是真实的，也不一定算作知识，因为这种偶然的正确并非真正的“知道”。

## “知识”的分析

如果问大家“什么是知识”，大家可能很容易给出各种各样的例子，比如：“1+1=2”或“物体在不受外力作用（或合外力为零）下要么静止，要么沿直线匀速运动”。然而，从苏格拉底开始，哲学家们对这种简单列举例子的方式并不满意。

哲学家们关心的是：是什么使这些例子成为知识？换句话说，他们想知道，知识的必要和充分条件是什么？对这个问题的研究就是所谓的知识分析。

葛梯尔的三页短论文的重要性在于，它推翻了一个存在了一千六百多年的传统答案。柏拉图在对话录《泰阿泰德》篇中，试探性地提出了一个观点：知识就是得到辩护的真信念（Justified True Belief，简称 JTB）。这一观点被沿用了一千多年，直到葛梯尔提出了质疑，令“知识的分析”这个问题重新进入人们的视野。

葛梯尔的质疑挑战了 JTB 理论，表明即便一个信念得到辩护且是真实的，它仍然可能不构成知识。正是通过这篇简短的论文，葛梯尔掀起了对知识本质的新一轮讨论。

三页纸论文干翻 1600 年答案

## 葛梯尔问题："知识是得到辩护的真信念吗？"

葛梯尔提出了以下两个例子，旨在质疑"知识 = 得到辩护的真信念"（JTB）的传统定义。

例子一：

约翰和琼斯一起去一家公司面试。面试后，主管告诉约翰，他们会选择琼斯。另外，约翰还看到琼斯的袋子里有十张一美元。因此，约翰有充足的理由支持以下的合取命题：

a 琼斯将得到这份工作，且他的袋子里有十张一美元。

从 a 可以得出命题：

b 那个将得到工作的人袋子里有十张一美元。

约翰在 a 的基础上相信了 b，因此可以说，约翰有理由相信 b 是真的。

然而，出人意料的是，最终得到工作的人是约翰，而不是琼斯，并且，约翰的袋子里恰好也有十张一美元，但约翰对此并不知情。

总结：在例子一中：

1.b 是真的；

2. 约翰相信 b 是真的；

3. 约翰有理由相信 b 是真的。

但我们仍不能说约翰"知道" b。

例子二：

还是约翰和琼斯。在约翰的记忆中，琼斯一直有一辆吉利车，并且他还多次看到琼斯开着吉利去不同地方。因此，约翰对以下命题 c 有强力的证据：

c 琼斯有一辆吉利。

另外，约翰还有一个朋友布朗，但约翰对布朗的去向毫不知情。根据经典逻辑，我们可以得到：

d 要么琼斯有一辆吉利，要么布朗在巴塞罗那。

实际上，琼斯开的车只是租来的吉利车，而非常巧合的是，布朗真的在巴塞罗那。

总结：在例子二中：

1.d 是真的；

2. 斯密斯相信 d 是真的；

3. 斯密斯有理由相信 d 是真的。

但同样地，我们不能说斯密斯“知道”d。

**葛梯尔的结论：**

通过这两个例子，葛梯尔论证了：

1. 得到辩护（Justified）；

2. 真（True）；

3. 信念（Belief）。

以上三者并不是知识的充分条件，它们充其量只是知识的必要条件。在例子中，约翰满足了这三项条件，但我们仍不会认为约翰“知道”b 或 d。

**讨论与扩展:**

“约翰是否知道某件事”这个问题对知识论学家至关重要。所谓的“知识”，在这里指的是任何能出现在‘S 知道 P’这种句式中的 P。

葛梯尔的两个例子对知识论学家构成了巨大挑战，引发了持续的讨论。一个可能的思路是寻找补充条件，我们将这种方案统称为 JTB+X 方案。葛梯尔例子中的共同点在于认知上的“运气”。为了消除运气因素的影响，许多哲学家尝试提出更严格的条件，例如要求证据是不可击败的，确保“JTB+X”能够真正产生知识。

然而，不同的方案都面临挑战。一方面，反对者指出，尽管添加了约束条件，仍无法彻底排除运气的存在，稍作努力总是能构造出新的“葛梯尔式反例”。另一方面，若对 X 的要求过于严格，可能会导致人们无法满足这些条件，从而陷入知识的怀疑论。

另一部分哲学家则试图在“J”上下功夫。有些人通过在“辩护”上添加约束消除反例，而另一些人则尝试用替代方案来取代“辩护”条件。

**主流方案:**

其中两种主流的方案是因果理论和可靠主义:

- 因果理论认为，知识是由恰当的因果关系导致的真信念。
- 可靠主义则认为，知识是真信念，由可靠的认知机制产生。

但这两个理论也面临问题。首先，它们需要清楚定义“恰当的因果关系”和“可靠的认知机制”，并证明它们能够避免葛梯尔反例。其次，因果理论无法解释数学、逻辑等先验知识，这一问题将在后面的章节“贝纳瑟拉夫识别问题”中讨论。

**反思与新方向：**

随着对葛梯尔问题的研究陷入瓶颈，一些哲学家开始反思，是否知识分析的整个方法本身存在问题。哲学家们在葛梯尔框架下提出修正方案，然后再找出反例，周而复始。这是否意味着这种分析方法本身就是有问题的呢？

随着知识论的研究进入新的阶段，哲学家们开始探索其他视角。其中，贝叶斯知识论和德性知识论在近年来成为两大新兴方向，开辟了关于知识讨论的新路径。

# 第二十四章　刘易斯·卡罗尔对演绎推理的质疑：阿喀琉斯与乌龟的第二次挑战

你只有不停地奔跑，才能留在原地。

——刘易斯·卡罗尔

## 卡罗尔其人

原名查尔斯·道奇森（Charles Dodgson，1832—1898），是一位英国逻辑学家。刘易斯·卡罗尔（Lewis Carroll）是他的笔名，这个名字可谓广为人知——他正是著名童话故事《爱丽丝梦游仙境》的作者。

读者们可能会好奇：为什么要介绍一位作家呢？毕竟，与前面提到的哲学家相比，他的身份似乎有些格格不入。然而，很多人不知道的是，卡罗尔不仅仅是一位创作了脍炙人口童话故事的作家，还是一位数学家和逻辑学家，提出了许多非常专业的逻辑学问题。在本章中，我们将重点讨论他对演绎推理的看法。

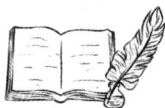

与安徒生、格林兄弟齐名的世界顶级儿童文学大师

没错，《爱丽丝梦游仙境》就是我写的！

数学家、逻辑学家。卡罗尔在这两个领域的贡献同样不可忽视。他的数学论著为后人提供了宝贵的学术资源，而他的逻辑思辨能力则在他的作品中得到了充分的体现。

写出《爱丽丝梦游仙境》，名声大噪。

摄影师。1856年，卡罗尔买下了人生中的第一台照相机。

## | 超时空采访 |

问题一

卡罗尔老师，听说您创作《爱丽丝梦游仙境》的灵感来源于一次和孩子们的野餐。其中，那只突然出现的兔子，成就了这部伟大的作品。您有没有想过，如果没有这只兔子出现呢？

可不敢这样想！灵感总是以它自己的方式出现。如果没有那只兔子，可能会是一只会跳舞的蘑菇，一片神奇的树叶，谁知道呢？可能我会写出另一部伟大的作品，但是这个世界可能会少了“爱丽丝”。

卡罗尔

注释：

1862年7月的一个下午，卡罗尔带着利德尔家的三个小女孩（包括《爱丽丝梦游仙境》的人物原型爱丽丝·利德尔）去牛津附近的河边游玩。在野餐时，他即兴讲述了一个小女孩掉进兔子洞的历险故事，这便是《爱丽丝梦游仙境》的雏形。

问题二

卡罗尔老师，听说您性格腼腆，并且患有口吃问题？这对您的文学创作有什么影响吗？

没……没……没啥影响，我只是嘴笨，又不是脑……脑……脑子笨。
卡罗尔

注释：

卡罗尔在年幼时就患有口吃，这一症状一直持续到他的成年时期。口吃问题的确给卡罗尔的生活和社交造成一定的困扰，但也在某种程度上激发了他的创作灵感。

## 什么是推理？

粗略地说，推理主要有演绎推理和归纳推理两种形式。归纳推理指的是由个别到普遍的推理。你观察到很多次相同的事情，然后猜测下一次也会发生同样的事情。比如你每天傍晚时看到太阳落下，看了一天两天后，你自然会猜测明天傍晚太阳也会落下。

但有人就说了，明天是个雨天怎么办？而且，对于处于极昼地带的人来说，太阳一整天都不会落下。

可见，归纳推理不一定总是有效的。

和归纳推理相比，演绎推理就令人安心多了。演绎推理是从普遍到个别的推理。这么说有点儿含糊。我们来看个例子：假设你知道鸟会飞，而你看到眼前有一只麻雀，并且知道麻雀是鸟，那么你可以确定这只麻雀也会飞。也就是说，如果你知道一些规则，你就可以用这些规则来确定某些事情一定会发生！

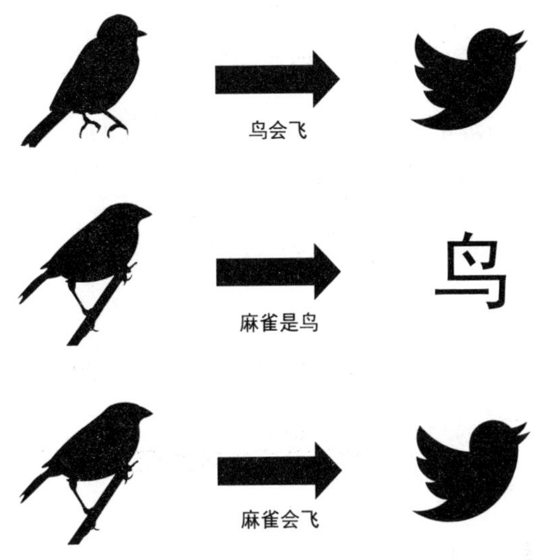


但现实生活中总有各种各样的意外情况。比如，规则其实是假的；比如有些鸟其实不会飞；又比如，结论是错误的，麻雀其实不是鸟（当然是假设）。

这样，就有必要研究什么是使一个演绎推理有效的条件。这些条件就是演绎推理的有效形式。

一个有效的推理形式具有以下的性质：

“一个推理形式如果是有效的，那么在此推理中，只要它的前提为真，它的结论一定为真。”（演绎推理的有效性定义）

例如，经典三段论就是一个典型的有效的演绎推理。

大前提：所有人都是会死的。（真）

小前提：苏格拉底是人。（真）

结论：因此，苏格拉底是会死的。（必真）

这种推理形式的有效性一般而言是不证自明的。可是从哲学的角度而言，任何理论及其前提都不是不能质疑的。刘易斯·卡罗尔在他的文章《乌龟对阿喀琉斯说的话》中就以非常生动活泼的形式，对（某种）演绎推理的有效性提出了挑战。

阿喀琉斯是谁？

阿喀琉斯是希腊神话中的半神与英雄，许多传说的主人公。例如，解剖学中将脚踝部位的肌腱命名为“阿喀琉斯腱”，这一术语源自“阿喀琉斯之踵”的故事。

传说中，阿喀琉斯的母亲为了让他获得不死之身，把他浸入冥河。然而，悲剧的是，她抓住阿喀琉斯脚踝的部位，使脚踝没有沾到冥河的水，导致脚踝成为他唯一的弱点。后来，阿喀琉斯在战场上因脚踝中箭而死。于是，“阿喀琉斯之踵”成为某人或某事物最大弱点的代名词。

## 阿喀琉斯与乌龟的故事

接下来我们要讲的是阿喀琉斯与乌龟的故事，这个故事源自古希腊哲学家芝诺的著名悖论之一——芝诺悖论。根据该悖论，英雄阿喀琉斯永远无法追上比他先出发的乌龟，芝诺通过此悖论试图论证“运动不存在”。然而，在刘易斯·卡罗尔的故事里，阿喀琉斯终于追上并超过了乌龟。他们到达终点后展开了一段有趣的对话。

## 乌龟与阿喀琉斯的逻辑讨论

乌龟对阿喀琉斯说：“我是欧几里得的粉丝，我们讨论一下《几何原本》中的第一个命题。”

乌龟给出了三个命题：

- A：量相同的两事物彼此相等；
- B：一个三角形的两条边长度相等；
- Z：这个三角形的两条边彼此相等。

乌龟提出问题：“任何承认 A 和 B 为真的人一定也会承认 Z 为真，对吗？”阿喀琉斯回答：“当然。”

乌龟接着问：“如果有人不承认 A 和 B 为真，他们会同意一个假言命题 C‘如果 A 和 B 为真，那么 Z 也一定为真’，对吗？”

阿喀琉斯表示赞同。

然后，乌龟进一步提出：“有没有可能有人承认 A 和 B 为真，但不接受假言命题 C 呢？”

阿喀琉斯感到困惑，但表示这种人是“不可理喻的”。

乌龟说：“那你就把我当作这种人，试着说服我必须接受 Z。”阿喀琉斯回应道：“只要你承认 C，我们就可以继续推理得出 Z。”

乌龟说：“但是，如果我不承认假言命题 C 呢？那么你又必须引入另一个假言命题 D‘如果 A、B 和 C 为真，那么 Z 为真’。”

阿喀琉斯开始意识到，每当他增加一个新的假言命题，乌龟都可以继续要求一个新的假言命题作为证明，这样的对话将永无止境。

在这个故事中，乌龟质疑的是：演绎推理的有效性来自哪里？换句话说，是什么保证演绎推理是有效的？

我们通常说："如果推理的形式是有效的，那么只要前提为真，结论就必然为真。"

然而，乌龟的质疑正是针对这一点。

问题变成了：有没有其他方式定义演绎推理的有效性？乌龟的这种挑战是否适用于所有形式的演绎推理？比如，在经典的三段论中，乌龟的质疑依然有效吗？

如果演绎推理不能具备确切无疑、不证自明的性质，会对数学知识造成什么影响？数学是建立在演绎推理基础上的，如果演绎推理本身无法保证其有效性，这将对我们对数学的理解产生深刻的影响。

这个问题并未结束，记住它，因为它将在后面继续出现。

# 第二十五章　贝纳瑟拉夫识别问题：我们对于数学知识的理解无法同时与知识论和语义学框架相一致

## 贝纳瑟拉夫其人

“别费劲‘百度’我了，搜出来的那个人是我哥！”

保罗·贝纳瑟拉夫（Paul Benacerraf，1931—2025）是一位出生于法国的美国哲学家，专门研究数学哲学。贝纳瑟拉夫的哥哥巴茹·贝纳瑟拉夫可能更加为人所知，他是免疫学专家，并且在1980年获得了诺贝尔生理学或医学奖。我们大多数人对免疫学有一定的基本了解，但对于数学哲学就不一定了。

数学哲学并不是数学本身。数学是一门研究数量、模式和图形的学科，而数学哲学则探讨的是数学的基础、本质，以及数学知识的性质和来源等问题。贝纳瑟拉夫所研究的问题之一是关于数学真理和数学知识的性质。对这一问题的研究可以追溯到柏拉图的《美诺篇》《斐多篇》和《斐德罗篇》。这是一个非常复杂的问题，深入探讨需要理解许多技术性细节。

因此，我们在本章的目标是谦虚的，仅仅希望解释清楚这个问题是什么，并介绍一些相关概念。

## “知识”和“真理”

首先要明确的是，知识和真理是两个不同的概念。在分析哲学中，真理并不是什么高深莫测的东西，它适用于命题。任何一个真命题都被视为真理，无论是大到“$E=mc^2$”，还是小到“我早饭吃了一根油条”，它们都是“真理”。

而知识则被定义为：某个认知主体（即人）知道的真理。显然，有一些真理是未知的，因此真理并不等同于知识。研究命题和真理的学问是语义学，而研究知识的学问则是知识论。

理解了知识和真理的区别后，便更容易理解另外两组概念：

1. 先天 / 后天（对象是知识，形成先天知识 / 后天知识）

2. 分析 / 综合（对象是真理，形成分析命题 / 综合命题）

- 先天知识：那些不依赖经验便可以知道的知识。
- 后天知识：基于经验的知识。
- 分析命题：仅凭命题中的字义即可为真的命题。
- 综合命题：非分析命题，其真值由字词之外的事实决定。

## 贝纳瑟拉夫问题

贝纳瑟拉夫问题的核心在于：我们对数学知识的理解无法同时与知识论和语义学的框架相一致。具体来说，贝纳瑟拉夫指出，我们对于数学知识的主张，无法同时符合我们常用的知识论和语义学框架。

这个难题包含两个方面的问题，接下来我们将逐一探讨。

问题一：语义学框架是什么？

答：弗雷格意义理论和塔斯基式的模型论。

别被这些看似复杂的术语吓到。模型论的核心思想是：存在一个论域和诠释函数，这个诠释函数将命题中的词项，指派给论域中的具体成员。

用大白话来说，就是：一个真命题的每个成分都与现实世界中的某个事物相对应。例如，命题“爱因斯坦是物理学家”是一个真命题。在这个命题中，词项“爱因斯坦”指代现实中的爱因斯坦本人，“物理学家”指代世界上那些从事物理研究的人。因此，如果这个命题是真的，那就意味着现实世界中的爱因斯坦确实属于物理学家这一群体。

问题二：知识论框架是什么？

答：真值条件的获得要求与相关事物存在因果互动。

所谓因果互动，是指当我们知道某个命题为真时，必须存在一条因果链条，链条的两端是我们（认知主体）和使命题为真的事物。这里不需要直接的因果关系，间接的因果关系也是可以的。

举例来说：我们知道“英法联军焚烧破坏了圆明园”这一历史事件是真的。我们通过不同途径得知这一事实，比如从老师那里或从书本中，但这些途径最终都可以追溯到1860年联军点火焚烧园林这一历史事件。整个因果链条从这一具体事件出发，经过老师的言传、书本的记录，一环扣一环地传递到了我们这里。

贝纳瑟拉夫问题指出，我们关于数学真理的语义学框架和数学知识的知识论框架是不兼容的。

首先，如果我们承认许多数学命题为真，那么根据语义学框架，一个真的数学命题中的词项就必须有所指。但是，当涉及数学命题（如“2+3=5”）时，这个理论就遇到了问题。数字“2”“3”和“5”并不指向现实世界中的具体事物（如两个苹果或五把椅子），特别是在涉及更复杂的数学命题时，找不到对应的现实事物。因此，按照语义学的框架，数学命题似乎无法与世界中的实际事物产生对应关系。

这就是数学知识的语义学问题：数学真理中的数字和其他数学对象如何与世界中的事物对应？

其次，根据知识论框架，我们要具有数学知识，就需要与其存在因果互动。柏拉图可能是最早思考这个问题的人，他告诉我们，这些数字指向的是抽象实体——理念。这些理念不在时间和空间中存在。如果柏拉图主义是正确的，那么问题就变得明显了：理念无法与我们产生因果联系，因为我们是存在于时空中的生物，而理念不在时空中。换句话说，我们的物理世界是因果闭合的，理念并不能介入其中。

这就是数学知识的知识论问题：如果数学对象是抽象的，我们是如何获得关于它们的知识的？

所以，如果这两个框架是不兼容的，那么摆在我们面前的问题就是应该选择修正哪一个？

### 方案一：修正语义学框架

修正语义学框架，意味着放弃要求数学命题像普通命题那样，其词项必须有所指。例如，我们可以说：一个数学命题是真的，当且仅当它是公理或者可以从公理中推导出来。这种“例外主义”方案有一定代价，它使得我们不得不放弃对通用语义学的期望。

为保留因果闭合原则，一些哲学家放弃了柏拉图主义，试图论证“数”是时空中的某种结构，我们可以通过感知这些结构而获得数学知识。这样做保留了我们的知识论框架，同时保留了语义学框架。

方案二：修正知识论框架

如果我们选择从知识论框架入手，放弃因果闭合原则，则可以援引先天和后天知识的分类。如果这种分类有效，那么我们应当接受两种不同的知识论框架。对于后天知识，要求它们与我们建立因果联系是合理的，但对于先天知识，我们为什么要对其提出相同的要求呢？

事实上，这种将因果关系强加给知识的做法可能是本末倒置的。数学知识的必然性是否恰恰是因果理论局限性的证据呢？如果数学知识具有必然性，那么不论世界如何，这些知识的真假都不会改变。因此，是否存在因果关系，甚至因果链另一端是什么，似乎都不会影响我们获得数学知识。

这一方案并不意味着我们要完全放弃语义学框架。我们可以将数学命题理解为空洞真实（vacuously true），即不管在什么模型中，数学命题都为真。这个方案是建立在数学知识具有必然性这个前提之上的，提出这个方案的一方有义务为这个主张进行辩护。

除此之外，因果闭合原则是一条被自然主义者（姑且理解为一种含义更为广范的经验主义）赋予非常高的优先性的原则。所以为了保护因果闭合原则，一些哲学家认为我们可以放弃数学的柏拉图主义，他们试图论证“数”是在时空中被我们感知的，它可能是某种被我们在时空中感知的结构。这个第三方案的可能是以牺牲了数学知识的必然性为代价，保留了我们的认识论框架的同时也保留了语义学框架。

# 第二十六章　尼尔森·古德曼的新归纳问题：什么是一个合理的归纳

> 问题不在于找到一个符合过去实例的概括，而在于找到一个既适用于过去又适用于未来的概括。
>
> ——尼尔森·古德曼

## 古德曼其人

尼尔森·古德曼（Nelson Goodman，1906—1998）是美国哲

头衔众多
· 分析哲学家
· 逻辑学家
· 科学哲学家
· 美学家
· 新实用主义的主要代表之一

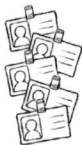

美国符号逻辑协会副主席（1950—1952）和美国哲学东部分会主席（1967）

我也是一个大师级人物

美国陆军服过兵役

在艺术领域具有举足轻重的地位，提出反本质主义艺术观、区分了多重艺术与单一艺术等。

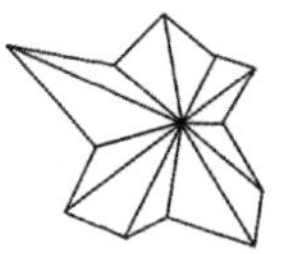

学家。他在哈佛大学获得博士学位，主要研究领域包括逻辑学、科学哲学和语言哲学。古德曼年轻时曾经营过一家艺术画廊，这段经历促使他后期将研究领域扩展到美学领域。他在哈佛大学创立了“哈佛零点项目”，这是一个专注于艺术认知和艺术教育的基础研究项目，并在哈佛大学研究生院指导该项目的工作。

## | 超时空采访 |

古德曼老师好，您在提出“何时为艺术”的问题时，是受到了哪些具体经验或思考的启发？这个问题如何改变了您对艺术本质的看法？

我深受当时哲学界对本质主义批判的影响，改变了我对艺术本质的看法，我逐渐认识到，艺术不是一个固定不变的概念，而是一个随着时间、文化和社会变迁而不断演变的开放领域。

### 归纳推理

不用多说，归纳推理极其重要，经验科学的理论正是依靠归纳推理来进行验证的。事实上，心理学家的研究表明，我们运用归纳推理的能力比演绎推理发展得更早。孩童大约在六到七岁时便开始使用归纳法。

这种对我们来说既普遍又重要的能力，长期以来却困扰着不同时代的哲学家。归纳推理的有效性问题可以追溯到18世纪的英国哲学家大卫·休谟。与演绎推理相比，归纳推理的一个关键不同在于：归纳推理的结论无法从前提中逻辑必然地推导出来。

例如，从观察到第一只天鹅是白色的，到观察到第一千只天鹅也是白色的，逻辑上并不能得出“下一只天鹅一定是白色的”，更不能“得出所有天鹅都是白色的”的结论。

我们可以把归纳推理的形式抽象出来：

前提1：第一个被观察到的F实例是G。

前提2：第二个被观察到的F实例是G。

……

前提N：第N个被观察到的F实例是G。

结论：下一个被观察到的F实例是G。

如果这种推理是合理的，它必定遵循某种原则。那么，这个原则是什么呢？休谟认为，可能是如下的原则：

（P）所有被观察到的F实例都是G。

（C）因此，所有的F都是G。

但细心的读者可能已经发现，这个所谓的原则本身就是一个归纳推理，因此是一个循环论证。即使我们引入“很有可能”等概率性的限定，依然无法避免这种循环论证问题。

**新归纳谜题：什么是合理的归纳？**

一个演绎推理的有效性是由形式决定的，而不是内容。然而，要求归纳推理具备与演绎推理相同的严格性既不必要也不现实，因为归纳推理的作用是扩展我们的经验知识。

如果我们接受（P）（C）模型作为归纳推理的普遍形式，那么是否只要符合该模型，就能算作有效的归纳推理呢？古德曼告诉我们：并不是！

古德曼让我们考虑以下推理：

推理一：

前提：所有在2024年1月1日之前观察到的绿宝石都是绿色的。

结论：所有绿宝石都是绿色的。

虽然推理的结论不是必然的，但我们通常会认为这是一个合理的归纳推理。

现在，考虑推理二，推理二需要先引入一个新谓语："绿蓝"（Grue）：

"绿蓝"指：一个物体是绿蓝的，当且仅当它在2024年1月1日之前首次被观察到且是绿色的，或如果它在2024年1月1日之后首次被观察到且是蓝色的。

推理二：

前提：所有在2024年1月1日之前观察到的绿宝石都是绿蓝的。

结论：所有绿宝石都是绿蓝的。

尽管推理二和推理一具有相同的形式，但我们直觉上不会认为推理二是合理的。根据推理二，我们会得出这样的结论：

2024 年 1 月 1 日后首次被观察到的绿宝石是绿蓝的。

根据“绿蓝”的定义，这意味着这些绿宝石是蓝色的。

因此，我们得出错误的结论：“2024 年 1 月 1 日后观察到的绿宝石是蓝色的。”

**归纳推理形式的不足**

通过这个例子，古德曼希望证明：归纳推理的有效性并不取决于推理的形式。推理的形式并不是有效性的充分条件。

那么问题在哪里呢？直觉告诉我们，“绿蓝”这个谓语有问题。它与“绿色”和“蓝色”不同，因为它是人为通过在“绿色”和“蓝色”之上添加时间项构造出来的。

但事情并没有那么简单。考虑另一个谓语：“蓝绿”（Bleen）：

“蓝绿”是指：一个物体是蓝绿的，当且仅当它在 2024 年 1 月 1 日之前首次被观察到且是蓝色的，或如果它在 2024 年 1 月 1 日之后首次被观察到且是绿色的。

借助“绿蓝”（Grue）和“蓝绿”（Bleen）这两个谓语，我们可以反过来定义“绿色”和“蓝色”：

• 绿色：一个物体是绿色的，当且仅当它在 2024 年 1 月 1 日之前首次被观察到且是绿蓝的，或如果它在 2024 年 1 月 1 日之后首次被观察到且是蓝绿的。

• 蓝色：一个物体是蓝色的，当且仅当它在 2024 年 1 月 1 日之前首次被观察到且是蓝绿的，或如果它在 2024 年 1 月 1 日之后首次被观察到且是绿蓝的。

由此，古德曼得出的第二个结论是：一个词项是否包含时间项是相对于语言系统而言的。我们觉得“绿蓝”或“蓝绿”这些谓语奇怪，因为它们包含了时间项。但如果一个人从小就使用“绿蓝语”或“蓝绿语”，他们反而会觉得我们使用的“绿色”和“蓝色”是刻意构造的。

## 归纳推理的相对性

这意味着，归纳推理的有效性取决于我们所使用的语言。如果归纳推理的有效性与词项的选择有关，那么归纳推理就是相对的，依赖于我们所采用的语言体系。

古德曼并不为这个结论感到担忧。他建议我们应该选择那些具有可预测性的谓语进行归纳推理。关于什么谓语是可预测的，古德曼有自己的一套理论，但由于篇幅限制，我们在这里无法深入探讨。

并非所有哲学家都接受古德曼的解决方案。反对者认为，归纳推理的有效性应依赖于独立于语言的事实。这些哲学家更倾向于转向词项所指的自然类。

简单来说，像“绿色”和“蓝色”这样的谓语指向世界中的自然性质。绿色的事物彼此相似，构成一个自然类。

这些哲学家认为，有效的归纳推理应使用能够识别出自然类的词项。但问题在于，什么是自然类？自然类真的存在吗？如果自然类独立于人类存在，我们又如何能够认识它们？

这些问题可以追溯到柏拉图时代，尽管两千多年过去了，我们仍未找到确切的答案。